Marion Buchheister

Mein Mann kann tun und lassen, was ich will

Von wohlwollender Diktatur,
anderen Liebestötern
und der Chance, sie aus der Welt zu schaffen

D1931299

scm R.Brockhaus

RB*taschenbuch Bd. 667*

1. Taschenbuchauflage 2006
© 1999 R. Brockhaus Verlag Wuppertal
Umschlaggestaltung: Dietmar Reichert, Dormagen
Umschlag- und Textillustrationen: Jan-Philipp Buchheister, Saarbrücken
Gesamtherstellung: Jesusbooks, Großburgwedel
ISBN-10: 3-417-20667-7
ISBN-13: 978-3-417-20667-8
Bestell-Nr. 220.667

INHALT

VORWORT

»Kompliment!«, sprach mich eine Frau an. »Sie sind so wunderbar durchschnittlich, und das, was Sie schreiben, kann man selbst dann noch verstehen, wenn man hundemüde ist und beim besten Willen nichts Anspruchsvolles mehr ertragen kann.«
Wohlgemerkt, die Frau wollte mir ein Kompliment machen. Und es traf mich wie ein Arm voller Blumen, bei denen man versäumt hat, vor dem Werfen die Töpfe zu entfernen. Dabei hatte die Dame ja im Grunde nichts Schlimmes gesagt. So einfach wie möglich zu schreiben, das war schließlich mein ureigenstes Anliegen gewesen.

Aber hätte die Gute bei aller Anerkennung meiner Schlichtheit nicht wenigstens den winzigen Verdacht äußern können, dass hinter all meinen einfachen Sätzen mit Sicherheit der eine oder der andere tief greifende Gedanke steckte?

Nichts dergleichen!

Stattdessen eine schnörkellose Quittung, die mir die Schlichtheit meiner Ausführungen bescheinigte. Unangenehm!

Sie kennen das ja: Wenn zwei das Gleiche tun, ist es noch lange nicht das Gleiche. Eine Freundin mag uns die Ohren volljammern über ihren schwierigen Ehemann. Aber wehe, wir erdreisten uns, ihre Jammerarie mit einem empörten »Er war doch immer schon ein Scheusal« zu quittieren! Vor kurzem offenbarte ich einer Bekannten, ich hätte zehn Kilo zugenommen, worauf sie in vollkommen freundlichem Ton die vollkommen korrekte Antwort gab: »Ja, das ist nicht zu übersehen!«

Ich war verstimmt, gelinde gesagt, und ich fühlte mich augenblicklich um weitere zehn Kilo angereichert. Ach, wir Menschen sind verzwickte Wesen.

Und was nun das vor Ihnen liegende Buch angeht ... Ich habe

mich trotz angekratzter Eitelkeit nicht dazu verführen lassen, mich auf den folgenden Seiten komplizierter auszudrücken. »Was man nicht einfach sagen kann, das soll man einfach nicht sagen«, hat mich einst ein kluger Mann gelehrt. Und das war für mich als Westfälin Wasser auf meine Sauerländer Mühlen.

Im Übrigen will ich Ihnen noch sagen, dass dieses Buch nicht am grünen Tisch, dafür aber in einem Glashaus geschrieben wurde. Immerhin ist die Schreiberin amtierende Tochter, Ehefrau, Mutter, Schwester und Freundin, und in all diesen Funktionen, wie mir oft bestätigt wurde, wunderbar durchschnittlich. Kurzum: Ein anderer Schreibplatz als mein Glashaus stand gar nicht zur Verfügung.

Was soll's! So brauchen Sie wenigstens beim Lesen den Kopf nicht einzuziehen, denn mit Steinwürfen meinerseits ist nicht zu rechnen. Dass ich Sie mit diesem Buch auf ganz andere Weise trotzdem von Herzen gern treffen möchte, wird Ihnen nicht verborgen bleiben. Und mit Verlaub: Das soll es auch gar nicht.

Herzlichst

Hamburg, Sommer 1999 — Marion Buchheister

Liebestöter mit Erfolgsgarantie – Verhaltensmuster, die gute Beziehungen empfindlich stören

Ich erinnere mich genau: Es begann, als ich Kind war, und es hielt sich hartnäckig bis zu meinem Auszug aus dem Elternhaus.

Wenn die Temperaturen unter 0 Grad sanken, dann war es für uns Kinder aus und vorbei mit der freien Kleiderwahl. Dann wurde angezogen, was Mutter bestimmte. Dann führte kein Weg mehr vorbei an den hässlichen Großraum-Dessous, knielangen Feinstrickunterhosen, wahlweise in allzu beruhigendem Bleu, Rosa oder Beige, von denen meine sonst so geradlinige Mutter allen Ernstes behauptete, sie würden in keiner Weise auftragen. (Alte Fotos liefern krasse Gegenbeweise.)

Zugegeben, die Hosen waren warm und mollig. Aber dass irgendjemand irgendwann auf die Idee kam, besagten Hosen den Namen Liebestöter zu verpassen, das können Sie nachvollziehen, stimmt's?

Einerseits praktisch, andererseits störend! Genau um dieses Phänomen geht es auf den folgenden Seiten. Im Klartext: Ich möchte mit Ihnen Verhaltensmuster unter die Lupe nehmen, die meist vollkommen harmlos aussehen, die kurzfristig auch durchaus nützlich sind, die sich – auf Dauer praktiziert – aber dennoch zu regelrechten Liebestötern entwickeln können und die unsere Beziehungen zu Freunden, Kollegen, Eltern, Kindern oder Partnern empfindlich stören.

Es wird in diesem Buch also nicht von körperlicher Gewaltanwendung, öffentlichem Denunzieren, dauerhafter Untreue oder gar Mord die Rede sein. Um dererlei Aktionen als Liebestöter zu entlarven, braucht es keine Lupe. Nein, in diesem Buch geht es um

Verhaltensmuster, die kein Paragraph des BGB verbietet, die uns »halt passieren«, für die wir alle eine Disposition haben, die uns »so rausrutschen«, um deretwillen wir normalerweise gar keinen Aufstand machen müssten, ja, die uns von Seiten entfernter Bekannter kurioserweise sogar Ehrentitel einbringen können. Nur aus einem einzigen Grund verdienen diese Verhaltensweisen unter der Lupe besehen zu werden: Sie haben alle die Neigung, chronisch zu werden. Und wenn das passiert, dann ist ihre liebestötende Wirkung kaum noch aufzuhalten.

Ich finde, wir wären schön dumm, dieses Wissen links liegen zu lassen, statt es zu nutzen und daraus Konsequenzen zu ziehen. Wer weiß, ob es uns nicht helfen könnte, künftig füreinander mehr Lust als Last zu sein.

Liebestöter Nr. 1

»Mein Mann kann tun und lassen, was ich will« – Wenn Wohlwollen nach Diktatur riecht

1.1 Variationen zum Thema

Variation Nr. 1

»Dass es so etwas im Zeitalter der selbstsüchtigen Emanzen noch gibt!«, pflegte Martins Vater zu sagen und drückte damit unmissverständlich seine Begeisterung für seine Schwiegertochter aus. Anna war aber auch wirklich die Aufmerksamkeit in Person. Morgen für Morgen stand sie extra früh auf, um Martin die Kleidung für den Tag rauszulegen. Und wenn Martin ein neues Kleidungsstück brauchte, dann besorgte Anna es für ihn. Ohne groß zu lamentieren ließ Anna nach und nach all die unmöglichen »Klamotten« verschwinden, die Martin oder gar seine Mutter irgendwann vor der Hochzeit gekauft hatten. Anna war wirklich enorm umsichtig, stets darauf bedacht, dass Martin sich nicht blamierte und – was ihr ganz besonders am Herzen lag – vollwertig ernährte.

Anna besorgte für ihren Mann die Arzttermine, und nur ihr war es zu verdanken, dass die beiden Jahr für Jahr eine hervorragend geplante Fernreise unternahmen. Wäre es nach Martin gegangen, dann wären sie über Radtouren durchs heimische Holstein wohl kaum hinausgekommen.

Wie gesagt: Annas Einsatz war enorm. Oder kennen Sie eine Frau, die ihrem Mann grundsätzlich die Mühe abnimmt, Geschenke für Eltern, Geschwister oder die Sekretärin zu besorgen, (deren Geburtstage wohlgemerkt in Annas und nicht in Martins Kalender verzeichnet waren)?

Und apropos Geschenke: Alle paar Wochen hatte Anna für Martin eine Überraschung parat: ein Buch, das man ihrer Meinung nach gelesen haben musste, Konzertkarten, die Martin die bitter nötige Entspannung verschaffen sollten ... Anna war der Inbegriff einer liebenden Gattin, zudem klug und attraktiv – für Martins Vater ein Phänomen.

Vor einigen Wochen nun traf ich Martin in der Innenstadt – allein! Er sei auf der Suche nach einem neuen Mantel, sagte er. Und wie aus der Pistole geschossen entwischte mir die Frage: »Hat Anna keine Zeit, mitzugehen?«

»Das kann ich dir nicht sagen«, gab Martin zur Antwort, »obwohl es sehr wahrscheinlich ist, dass sie gerade dabei ist, irgendeinen geschmacklosen Menschen geschmackvoll einzukleiden. Mich braucht sie allerdings nicht mehr zu beglücken. Fünf Jahre goldener Käfig haben gereicht. Ich habe mich vor einem halben Jahr von Anna getrennt.«

Variation Nr. 2

»Eigentlich habe ich einen ganz tollen Mann.« Eine höchst ungewöhnliche Äußerung für eine Frau, die mit Scheidungsabsichten zur Beratung kommt! – »Er ist die Großzügigkeit in Person, und es gibt Tage, da tut er alles für mich. Normalerweise gehört das Kochen zu meinem Ressort, aber wenn wir zum Beispiel Gäste haben, dann jagt er mich regelmäßig aus der Küche und besteht geradezu darauf, das ganze aufwendige Essen alleine zu kochen. Dabei hätte ich jede Menge Zeit, zumal mein Mann ja nicht will, dass ich arbeiten gehe. Er möchte es mir ersparen, dass ich so ein gehetztes Huhn werde wie seine Arbeitskolleginnen.

Wie gesagt: Mein Mann ist eigentlich sehr liebevoll. Wahrscheinlich hätte ich auch bis heute keinen Führerschein, wenn mein Mann mich nicht eines Tages völlig ohne mein Wissen bei der Fahrschule angemeldet hätte. Es wundert mich auch überhaupt nicht, dass manch eine Freundin mich um meinen Mann beneidet. Worüber ich mich viel mehr wundere, ist, dass ich nichts für ihn empfinde, dass mir dieser wundervolle Mann von Tag zu Tag weniger bedeutet, dass ich jede seiner Dienstreisen herbeisehne und froh bin, wenn er weit und lange von zu Hause weg ist, dass ich inzwischen immer häufiger mit dem Gedanken an Trennung spiele ...

Variation Nr. 3

Er war ihr einziger Sohn und ihre große Freude. Sie hatten sich immer gut verstanden. Und wenn andere Eltern sich darüber beklagten, dass ihre Kinder ihnen fremd wurden, dann freuten die zwei sich doppelt über Tom, der sich so ganz und gar nach ihren Vorstellungen entwickelte. Das hielt an, bis Tom beschloss Sabine zu heiraten und zu Hause auszuziehen. Zu Letzterem sahen die Eltern keine Veranlassung, zumal sie bereit waren, den Dachboden auszubauen, um auf diese Weise Platz für alle zu schaffen. Das wiederum wollte Sabine nicht. Als Tom kurze Zeit später seinen 30. Geburtstag feierte, überschrieben die Eltern ihm – vollkommen überraschend – das Grundstück gleich neben ihrem Haus. Die einzige Auflage: Es sollte im Familienbesitz bleiben! Kein Problem, dachte Tom und war überwältigt. (Ulkige Sache, dieses Wort, das in gleicher Weise bei Geschenken wie auch bei Überfällen zur Anwendung kommt!)

Auf einmal war es für Tom und Sabine nur logisch, auf diesem Grundstück ein Häuschen zu errichten. Und um die ganze Sache finanzieren zu können, machten die beiden so viele Überstunden wie nur möglich. Zum Glück wohnten die Eltern ja nebenan. Der Mutter schien es absolut nichts auszumachen, für vier statt für zwei zu kochen, der Vater hielt ein Auge auf die Handwerker und legte auch selber Hand an, wo er nur konnte. »Ihr seid die besten Schwiegereltern der Welt«, bemerkte Sabine mehr als nur einmal. Und vielleicht hätten die vier bis an ihr Lebensende glücklich miteinander auskommen können, wäre Sabine nicht plötzlich auf die

Idee gekommen, samstags und sonntags selber zu kochen, um mit ihrem Tom mal ganz alleine zu sein. Aber da genau begann es, schwierig zu werden. Und als Sabine und Tom dann noch anfingen, ihre Wäsche selber zu waschen, und die Eltern baten, vor dem Betreten der Wohnung zu klingeln, da war die Schwiegermutter zutiefst beleidigt und fand, dass von dem einst so guten Verhältnis kaum noch etwas übrig wäre.

1.2 Wohlwollende Diktatur, ein Liebestöter erster Güte

Wenn böse aussieht, was böse ist, dann fällt das Entlarven nicht schwer. Wenn aber gut aussieht, was in Wirklichkeit böse ist, dann bleibt das Böse mitunter lange verborgen.

Nach außen stellen wohlwollende Diktatoren die Güte in Person dar, in Wirklichkeit aber verfolgen sie hauptsächlich eigennützige Ziele.

Anna ist dafür ein gutes Beispiel. Im Grunde konnte sie ihren Mann nicht akzeptieren, wie er war. Seinen Geschmack in Sachen Kleidung fand sie grauenvoll, seine Vorliebe für »ungesundes Essen« unerträglich, und dass sein Lesestoff vorwiegend aus Börsenberichten und der Hamburger Morgenpost bestand, das genügte Annas intellektuellem Anspruch einfach nicht.

Was tun?

Ständiges Nörgeln kam nicht in Frage. Zu Annas Vorstellungen von einer liebevollen Partnerin hätte es nicht gepasst. Nein, Anna fand einen anderen Weg. Sie »liebte« sich Martin »zurecht«! All das, was sie von Martin getragen, gegessen und gelesen wissen wollte, machte sie ihm einfach zum Geschenk. Und siehe da: Martin tat, aß und las, was niemand ihm mit Worten je befohlen hatte.

Etwa drei Jahre funktionierte Martin störungsfrei. Dann kam Sand ins Getriebe. Martin äußerte ab und an den Wunsch, ein Kleidungsstück, das Anna ihm gekauft hatte, umzutauschen; Bücher, die Anna ihm geschenkt hatte, ließ er mitunter ungelesen, und hin und wieder verschwitzte er sogar ein Konzert, ein Phänomen, das er sich selbst beim besten Willen nicht erklären konnte. Anna war empört, empfand es als Missachtung ihrer Liebe und schimpfte ihren Mann immer häufiger einen ignoranten, undankbaren Menschen, der es gar nicht wert sei, dass sie sich derart viel Mühe um ihn mache. Und als Martin begriff, wie unverzichtbar es für Anna war, dass er sich exakt so verhielt, wie Anna es »liebevoll« eingefädelt hatte, da wachte er auf und verließ seinen goldenen Käfig.

Kurzum: Es gibt eine Wohltäter-Mentalität, die mehr nach Diktatur als nach Liebe riecht, ein Wohlwollen, das sich mehr an den Bedürfnissen des Wohltäters orientiert, als an denen des Beschenkten, wohlwollende Diktatur, die mit Liebe ebensoviel zu tun hat, wie einer Oma über die Straße zu helfen, die das gar nicht will. Darum geht's!

Wohlwollende Diktatur ist sozusagen ein Liebestöter auf den zweiten Blick, Fremdbestimmung auf Samtpfoten, Manipulation im Gewand liebevoller Aktionen, aggressive Schmuggelware!

Und deshalb kommt man dem Spuk auch so schwer auf die Schliche. Wer schreit schon »Aua!«, wenn er liebevoll gestreichelt wird?

Wer sagt schon »Stopp, das geht zu weit!«, wenn er auf dem Geburtstagstisch ein Grundstück vorfindet? Wer fühlt sich schon beraubt, wenn die Eltern ihm alle Arbeit abnehmen? Und selbst dann, wenn manche Wohltaten uns von Anfang an ihren zweifelhaften Charakter offenbaren und wenn dem Wohltäter seine egoistischen Motive aus allen Knopflöchern blitzen, selbst dann sind wir als Empfänger oft genug geneigt, über ein schlichtes Danke hinaus das »Geschenk« als wunderbar und den Geber als »unheimlich lieb« zu preisen. (Ist das Geschenk klein, scheint ein Einspruch unnötigen Staub aufzuwirbeln, ist das Geschenk groß, scheint uns der Einspruch erst recht ungebührlich.)

Und die Folge?

Der wohlwollende Diktator kriegt exakt das Echo zu spüren, das ihn bestätigt und das ihn animiert, weiterzumachen wie gehabt. Warum sollte er auch eine Strategie ändern, die ihm hilft, seinen Geschmack durchzusetzen, und die darüber hinaus noch in seiner Umgebung für Entzücken sorgt!

Doch leider unterliegt dieses Spiel trotz alledem einer zeitlichen Begrenzung. Irgendwann ist Schluss. Dann regt sich auch in dem langmütigsten Empfänger unerwünschter Gnaden (sofern er sich einigermaßen psychischer Gesundheit erfreut) der Wunsch nach Selbstbestimmung. Und das ist gut so, denn es eröffnet die Chance, Einspruch zu erheben gegen unerbetene Liebesgaben – der einzige Weg, einen wohlwollenden Diktator zur Besinnung zu bringen!

Ach, mögen Sie sagen, das sind ja feine Aussichten! Soll also der, der unter einem wohlwollenden Diktator leidet, jetzt auch noch für dessen »Bekehrung« sorgen?

In der Tat, denn sonst bewegt sich gar nichts.

Wer darauf wartet, dass wohlwollende Diktatoren von ganz allein zur Besinnung kommen, der kann lange warten, zumal sie ja selten bewusst vorgehen!

Glauben Sie mir, die meisten fallen aus allen Wolken, wenn sie irgendwann begreifen, dass man ihre Liebesbekundungen mitunter als vereinnahmend empfindet.

Nein, um wohlwollende Diktatur zu stoppen, sind tatsächlich die gefragt, die »über die Straße geführt werden, ohne es zu wollen!« Denn das Stoppschild, das wohlwollende Diktatur aufhalten kann, besteht im freundlichen Einspruch der Beschenkten.

Wohlwollende Diktatur ist ein Liebestöter – wohl wahr – einerseits praktisch (und zwar für alle Beteiligten!), aber langfristig destruktiv. Denn zwischen dem, der diktiert (und mag er dazu noch so liebevolle Mittel einsetzen) und dem, der sich dem Diktat beugt, gibt es auf Dauer keine Freundschaft.

Wohlwollende Diktatur ist keineswegs die spitzfindige Strategie despotischer Sonderlinge, im Gegenteil: Anfällig dafür sind die meisten Menschen. Wer wollte von sich behaupten, er spüre nicht hin und wieder den Wunsch, »mehr Land zu besitzen«, den persönlichen Einfluss zu mehren, den eigenen Geschmack und Maßstab durchzusetzen, Kinder und Partner nach dem eigenen Bilde zu formen?

Und genau das ist ja der Stoff, aus dem wohlwollende Diktatur gemacht ist. Jedes Verwöhnen gehört in die Kategorie wohlwollender Diktatur, jede Fürsorge, die über ein gesundes Maß hinausgeht, auch.

Und gerade die Verwöhnten liefern den Beweis, dass wohlwollende Diktatur liebestötende Wirkung hat. Denn irgendwann spüren die Verwöhnten ihre Entmündigung, und nicht selten beginnen sie dann ausgerechnet die zu verachten, die ihnen so überaus liebevoll jeden Kieselstein aus dem Weg geräumt haben.

Kurzum, sagen wir rechtzeitig und in aller Freundlichkeit Bescheid, wenn wir uns von »liebevollen Aktionen« vereinnahmt und bevormundet fühlen. Dazu ist es weder nötig noch sinnvoll, Charakteranalysen wie »Du bist der größte Egoist aller Zeiten« anzustellen. Dazu reicht es, in aller Freundlichkeit zu sagen: »Danke für dein Angebot, aber ich möchte es lieber nicht in Anspruch nehmen«, oder: »Danke für den Pullover, aber seine Farbe macht mich so blass. Ich möchte ihn gerne umtauschen.«

Sie stöhnen? Ja, sicher, alles hat seinen Preis. Es kann durchaus sein, dass der Wohltäter beleidigt ist.

Aber der Preis für's Schlucken ist höher, und wenn der wohlwollende Diktator irgendwann merkt, dass alle seine begeistert gefeierten Geschenke paradoxerweise in tiefen Schubladen verschwinden, dann ist er erst recht enttäuscht. Rechtzeitig Bescheid zu sagen, führt schneller zu einem offenen Gespräch und dazu, dass sich beide Partner gegenseitig ernst nehmen. Und dann? Gibt's dann irgendwann die reine, selbstlose Liebe ganz ohne egoistische Motive? Sicher nicht! In jeder Liebe bleibt ein Funke Eigennutz. In jedem Blumenstrauß steckt die Hoffnung auf ein positives Echo. Das ist, wie es ist. Und wir sollten uns hüten, künftig jede liebevolle Geste akribisch auf versteckte Motive hin zu untersuchen, bevor wir sie uns gefallen lassen. Nur wenn eine Umarmung uns die Luft abschnürt, wenn ein Geschenk uns verpflichtet zu etwas, was wir gar nicht wollen, wenn Wohltaten uns entmündigen, dann ist Einspruch angebracht und allemal das kleinere Übel.

Liebestöter Nr. 2

»Herzilein, ich geb mir alle Mühe!« – Wenn das Süßholzraspeln überhand nimmt

2.1 Variationen zum Thema

Variation Nr. 1

»Nicht ein einziges Hemd im Schrank!«, brüllt Bernd Mahler durchs Haus. »Und ich muss gleich zur Vorstandssitzung!«

Mag sein, dass sich jeder emanzipierten Frau an dieser Stelle die Nackenhaare gesträubt hätten, nicht so Marianne, Bernds Ehefrau seit nunmehr dreiundzwanzig Jahren.

Da kann Bernd toben wie er will (und er tut es in letzter Zeit immer häufiger), Marianne bleibt ihm sanft gewogen. »Ach Liebling«, sagt sie (und ihren Tonfall, den können Sie sich gar nicht sanft genug vorstellen), »sei doch nicht sauer! Wir haben uns schließlich vorgenommen zu sparen. Und deshalb wasche ich jetzt nur noch einmal pro Woche. Ich dachte, du würdest dir den Griechenlandurlaub genauso doll wünschen wie ich! Und jetzt machst du wegen eines Oberhemdes so ein Theater!«

»Schon wahr«, murmelt Bernd, denn was Griechenland angeht, hat Marianne zweifellos Recht. Also zieht Bernd das Hemd von gestern an, kommt relativ verstimmt zum Frühstück, starrt missmutig an die Zimmerdecke und entdeckt dort ein gut ausgebautes Spinnennetz.

»Marianne«, sagt Bernd und stellt seine Kaffeetasse betont heftig auf den Tisch, »wir hatten beschlossen, eine Putzhilfe einzustellen, erinnerst du dich? Die Kinder, der Halbtagsjob, deine

Arbeit in der Schulpflegschaft, da bleibt im Haushalt einfach zu viel liegen.«

»Ja sicher, Schatz«, pflichtet Marianne ihrem Mann bei, legt die Hand auf seinen Arm und schrumpft stimmlich von 1,70 m auf 1,50 m. »Das hatten wir beschlossen. Aber du weißt doch, wie ungern ich fremde Leute in unserem Haus herumwühlen lasse; und außerdem kostet eine Putzhilfe einfach zu viel Geld! Ach Liebling, es tut mir Leid, dass du dich am frühen Morgen schon so ärgern musst. Aber ich gebe mir alle Mühe, dir eine gute Frau zu sein, und wenn du dann so mäkelst, dann weiß ich gar nicht mehr weiter.«

Sagt's und ist den Tränen bedenklich nah. Bernd nimmt schnell ein Brötchen, greift seine Aktentasche und verlässt das Haus früher als nötig. Unterwegs spürt er ein seltsames Gemisch aus Magendrücken, schlechtem Gewissen und einem deutlichen Unmut gegen Marianne.

Variation Nr. 2

»Bringst du von Kaiser's eine Flasche griechischen Wein mit?«, fragt mich mein Mann. Und meine Antwort kommt prompt: »Kein Problem, Schatz, bring ich mit!« Derweil allerdings formiert sich in meinem Kopf die Opposition: Eigentlich könnte er sich den Wein auch selber besorgen, zumal mein Einkauf per Fahrrad beschwerlich genug ist. Außerdem haben wir meiner Meinung nach genügend Wein im Keller, wenn auch eher von der Nahe als vom Peloponnes. Und last but not least schlägt in mir ein ehemaliges Blau-Kreuzler–Herz, das dem Genuss von Alkohol immer noch ein ganz kleines bisschen skeptisch gegenübersteht. Lange Rede, kurzer Sinn: Ich komme vom Einkauf zurück, packe meinen Fahrradkorb aus und stelle fest: Der Wein ist nicht da! Tat-Sache ist: Ich habe ihn vergessen.

Und mich beschleicht der leise Verdacht, dass dieser Art Vergesslichkeit weder durch gezieltes Gedächtnistraining noch durch Buerlecithin beizukommen ist. Es ist unübersehbar: Meine Tat hat ausgesprochen, was ich wirklich wollte.

2.2 Süßholzraspeln, ein Liebestöter, der es in sich hat

Haben Sie die Szene mit Bernd und Marianne noch im Kopf? Sie mag Ihnen möglicherweise etwas vereinfacht vorkommen, trotzdem zeigt sie ein Verhaltensmuster, das in vielen Beziehungen sein Unwesen treibt. Marianne, die Liebe, ist eine Süßholzrasplerin, wahre Meisterin der Taktik »So-tun-als-ob«. Marianne ist liebevoll, beschwichtigend und voller Rücksicht. Sie nimmt die (scheinbar) untergeordnete Position ein und vermittelt Bernd, alles zu tun, was er will. Aber – und da liegt der Hase im Pfeffer –: Sie tut es nicht.

Marianne vermeidet vollzogene Handlungen. Sie erfüllt ihre Versprechen nicht. Marianne raspelt Süßholz, und vielleicht tut sie es sogar in bester Absicht. Nur hat der Gatte davon überhaupt nichts. Denn nichts verärgert mehr, als wenn jemand uns mit freundlichen Worten weit entgegenkommt und dann mit seinen Taten auf der Strecke bleibt.

Solche Art Güte geht auf den Geist. Solcher Art Güte erinnert an ein üppig ausstaffiertes Schaufenster, das uns in einen Laden hineinlockt, in dem gähnende Leere herrscht. Solcher Art Güte ist Etikettenschwindel. Liebevolle Beschwichtigungen, die in ungeschehene Taten münden, sind eine geradezu vernichtende Taktik, gegen die ein Partner sich nur äußerst schwer wehren kann.

Warum? Weil es fast unvorstellbar ist, gegen so viel »Güte« zu rebellieren!

So. Was glauben Sie, möchte ich Ihnen warm ans Herz legen? Frauen, tut endlich, was eure Männer wollen?

Nein! Das wäre ja furchtbar für die Männer.

Was ich sagen möchte, ist dieses: Wer Ja sagt, soll entsprechende Taten folgen lassen! (Du auch, Marion.) Wer sein Einverständnis erklärt, soll auch entsprechend handeln.

Wer dagegen nicht einverstanden ist mit dem Anliegen eines Partners, nicht bereit, dessen Bitten nachzukommen, der soll auch bitte nicht so tun, als ob, sondern seine Einwände klar und deutlich äußern.

Genau das aber ist es, was notorische Süßholzraspler vermeiden, solange es nur geht.

Süßholzraspler gehören zu den heimlichen Rebellen, Verweigerern, deren Aggressionen mit dem bloßen Auge kaum erkennbar sind. Denn Süßholzraspler bedienen sich nicht solch banaler Ausdrucksweisen wie Schimpfen, Zetern oder Schreien, sie bevorzugen den wortlosen Boykott, die Beschwichtigung, das aggressive Abwarten und Aussitzen.

Von Marianne weiß ich zum Beispiel, dass sie sich deutlich überfordert fühlte. Sie hatte den Eindruck, sie müsse unfairerweise die Hauptlast der Familie tragen. Sie kochte manchmal innerlich vor Wut über die angeblich so gewichtigen, geschäftlichen Aktivitäten ihres Mannes und über die große Selbstverständlichkeit, mit der Bernd sämtliche Hausarbeiten an sie oder eine Putzfrau zu delegieren versuchte.

Nur gab es in Marianne neben ihrer Wut auch sehr genaue Vorstellungen von einer romantischen Beziehung. Und gerade diese Vorstellungen verboten es ihr, ihren Ärger über die ungerechte Arbeitsteilung auf direktem Wege zu äußern. Es könnte ja Streit geben! Streit aber war für Marianne etwas ganz Schlimmes, schlimmer jedenfalls als das Gefühl, ungerecht behandelt zu werden.

Und auf den ersten Blick schien sie mit ihrer beschwichtigenden So-tun-als-ob-Methode eine Strategie gefunden zu haben, die ...

- den Familienfrieden erhielt,
- es ihr ersparte, sich Bernds Vorstellungen zu beugen,
- und die es ihr trotzdem ermöglichte, ihr Selbstverständnis von einer überaus liebevollen Ehefrau aufrecht zu erhalten.

Leider tendieren ausgeprägte So-tun-als-ob-Menschen zur Übertreibung. Und dann ist der Zeitpunkt abzusehen, an dem ihre Partner sich zunehmend fühlen, als seien sie in einem absurden Theaterstück gefangen.

Nein, Süßholzraspeln, wenn es denn chronisch ist, gehört fraglos zu den Liebestötern. Und alle die, die es bereits mit der Muttermilch verinnerlicht haben, dass lieb und brav zu sein wichtiger ist als alles andere, die haben für diesen Liebestöter eine besondere Disposition. Sollten Sie dazugehören und längst gemerkt haben, dass Sie sich und Ihrem Partner auf Dauer keinen Gefallen tun mit der Süßholzraspelei, dann gibt's allemal die Chance auszusteigen.

Wie das aussehen könnte?

- Wenn Sie einem Menschen etwas versprechen, dann handeln Sie auch danach!
- Wenn jemand eine Bitte oder Erwartung an Sie heranträgt, die Ihnen nicht behagt, sagen Sie es klar und deutlich.
- Ist Ihr Unbehagen eher diffus und nicht formulierbar, bitten Sie um Bedenkzeit, bevor Sie sich weiter zu der Sache äußern. Jesus sagt (Matthäusevangelium 7,37): »Eure Rede sei: Ja, ja, nein, nein. Was darüber ist, das ist vom Übel.« Das ist sicherlich nicht die Aufforderung, sich kurz zu fassen, sondern eindeutig zu sein.

Dass uns das bis an unser Lebensende niemals in Vollkommenheit gelingen kann, liegt auf der Hand. Aber dies muss uns keineswegs davon abhalten, aus größeren Fehlern kleinere zu machen, stimmt's?

Liebestöter Nr. 3

»Ich halt nichts von sozialem Schmieröl« – Wenn Komplimente zur Rarität werden

3.1 Variationen zum Thema

Variation Nr. 1

Besuch von Meiers! Es gibt Lasagne, frischen Salat, italienischen Wein und zum Nachtisch Pannacotta mit Karamelsoße. Es schmeckt prima und wir schwelgen obendrein in Erinnerungen an unseren gemeinsamen Italienurlaub. Plötzlich sagt Willi zu mir: »Ich möchte unbedingt das Rezept von der Lasagne; so was Gutes hab ich lange nicht mehr gegessen.«

Marita, seine Frau, starrt ihn an: »Ich kann mich gar nicht mehr erinnern, je ein solches Kompliment aus deinem Mund gehört zu haben.«

»Na ja«, lenkt Willi ein, »bei dir ess ich ja auch jeden Tag!« Marita ist alles andere als besänftigt: »Eben, eben, da wär es ja erst recht nicht übel, ab und zu was Nettes zu hören!«, kontert sie.

Aber Willi ist anderer Meinung und bemerkt: »Du kennst mich jetzt mehr als fünfzehn Jahre, mein Schatz. Du weißt ganz genau: Solange ich esse, schmeckt's mir! Dass ich esse, ist also quasi mein Lob! Und wenn es mir nicht schmecken würde, dann hätte ich längst was gesagt, verlass dich drauf!«

Variation Nr. 2

»Wo empfinden Sie Defizite in Ihrer Partnerschaft?«, frage ich

eine junge Frau. Und da muss sie nicht lange überlegen. Ihr Mann würde ihr so gut wie nie Liebeserklärungen machen, beklagt sie sich. Der Ehemann hört sich den Vorwurf an und stimmt zu. Das sei richtig, sagt er. Er sei nun mal kein Freund von vielen Worten, und Komplimente hielte er sowieso für überflüssiges soziales

Schmieröl. Für ihn zähle: Es gibt nichts Gutes, außer man tut es. Und die Tatsache, dass er seine Frau geheiratet habe, sei seiner Meinung nach Beweis genug für seine Zuneigung.

3.2 Wenn Komplimente zur Rarität werden

Gute Nachrichten sind schlechte Nachrichten. Das ist in Journalistenkreisen ein geflügeltes Wort. Für nennenswert hält man in den Medien vor allem Kritik, Skandale, Katastrophenmeldungen und negative Phänomene aller Art, denn all das garantiert eine hohe Aufmerksamkeit.

Wie dem auch sei. Mag die Bevorzugung von Negativmeldungen in den Medien einen Sinn haben, im Privatleben vergiftet sie unsere Beziehungen. Und trotzdem scheint sie auch dort an der Tagesordnung zu sein. Viele Leute stellen sich auch in ihren ganz persönlichen Beziehungen mit Vorliebe Quittungen für unerwünschtes Verhalten aus. Wenn etwas gut klappt, dann gilt das als selbstverständlich. Erst das, was schief geht, ist im wahrsten Sinne des Wortes der Rede wert. Wenn wir als erwachsene Menschen eine Partnerschaft beginnen, haben wir diesbezüglich längst jede Menge Vorerfahrungen. Wir haben den Umgang unserer Eltern miteinander beobachten können, und wir haben ihren Umgang mit uns am eigenen Leib zu spüren gekriegt.

Es lohnt sich, an dieser Stelle zu überlegen: Wie war das eigentlich bei uns zu Hause?

War es da üblich, sich gegenseitig Komplimente zu machen, oder sprach man vor allen Dingen das an, was einem am anderen nicht gefiel?

Hielten sich Lob und Tadel die Waage oder galt gar das Motto: Das Gute muss selbstverständlich sein, es braucht nicht zusätzlich benannt zu werden, denn zuviel Lob macht am Ende nur eitel?

Und wenn dieses Motto in unserem Elternhaus vorherrschend war, haben wir es mittlerweile vielleicht auch zu unserem eigenen gemacht?

So tragisch es auch sein mag, selbst die Verhaltensmuster, die wir bei unseren Eltern bitter kritisiert haben, schleichen sich später oftmals in unsere erwachsenen Beziehungen ein. Wie vielen Erwachsenen kommt angesichts der Prügel, die sie als Kinder mehr als einmal zum Weglaufen bewogen haben, dreißig Jahre später der Satz über die Lippen: »Und wie man sieht, sie haben mir nicht geschadet!« Dass es dann ganz nahe liegt, die eigenen Kinder ähnlich zu behandeln, ist leicht vorstellbar. So manches, was nach durchdachter Pädagogik aussieht, ist in Wirklichkeit ein Racheakt aus dem Bauch heraus oder einfach nur die Übernahme eines Verhaltens, an das man von klein auf gewöhnt ist.

Auf jeden Fall bedarf es dringend einer aktuellen Tauglichkeitsprüfung, dieses Motto: Lob macht eitel, und nur Kritik und Tadel bringen einen Menschen weiter. Hier schlummert ein Liebestöter ohnegleichen.

Ein Beziehungsklima, in dem unbenannt bleibt, was gefällt, in dem nur das der Rede wert ist, was man aneinander auszusetzen hat, wirkt wie eine Bestrafung und hält jede Verbindung zwischen Menschen weit unter dem Niveau, in dem man sich gegenseitig zur Entfaltung verhelfen kann. Denn wo Lob und Tadel aus dem Gleichgewicht geraten, da passiert Folgendes: Die unerwünschten Verhaltensweisen eskalieren und die Glanzpunkte verflüchtigen sich. Tragisch, aber wahr! Die Kinder, die vorwiegend getadelt werden, strotzen eben nicht vor Wohlverhalten. Eher ist das Gegenteil der Fall. Nicht auszudrücken, was den anderen ehrt, ist ein Liebestöter.

Positives zu benennen, verstärkt Positives und sorgt für gutes Klima. Wer das zu Hause nicht erlebt hat, mag sich schwer tun, genau das in seinen erwachsenen Beziehungen zu praktizieren. In der Bibel, die viel Nützliches zum Thema zwischenmenschliche Beziehungen zu sagen hat, wird als Voraussetzung für Partnerschaft das Verlassen von Vater und Mutter genannt. Mit anderen Worten: Jemand sollte in der Lage sein, die Verantwortung für sein Leben selbst zu übernehmen, bevor er eine Partnerschaft beginnt.

Aber »verlassen« bedeutet sicherlich auch, dass wir ganz bewusst Verhaltensmuster unserer Eltern hinter uns lassen, die zwischenmenschliche Beziehungen nicht fördern, sondern zerstören, und die wir längst als Liebestöter erkannt haben.

Also dann, überlegen Sie doch mal: Was gefällt Ihnen an dem Menschen, mit dem Sie zusammenleben? Und wenn Sie mit dem Überlegen fertig sind, dann teilen Sie Ihr Ergebnis mit! Jemand hat mal bemerkt, heiraten hieße, die Bewunderung vieler gegen die Kritik eines Einzelnen einzutauschen. Mag das die Realität vieler Partnerschaften widerspiegeln, niemand kann uns daran hindern, diesbezüglich aus der Reihe zu tanzen!

Und noch etwas: Ziehen Sie sich nicht gleich beleidigt zurück, wenn Ihr(e) Partner(in) nach dieser Mitteilung aus allen Wolken fällt, misstrauisch wird und fragt, ob Sie irgendetwas ausgefressen hätten, größere Geldausgaben ankündigen wollten oder sonst etwas Außergewöhnliches im Schilde führten. Sagen Sie einfach, dass Sie lange etwas vernachlässigt haben, was Sie neu beleben möchten. Komplimente sind Lebens- und Liebeselixier, und niemand von uns verzichtet darauf auf Dauer ohne deutliche Mangelerscheinungen. Viele »Seitenspringer« sind Ausgehungerte. Wie oft herrscht bei Außenstehenden großes Erstaunen über den Einfluss des »Neuen«, der doch weder sonderlich klug, noch außergewöhnlich schön ist. Aber das Entscheidende wissen die Außenstehenden nicht: Der Neue hat gesagt: »Du hast ja Sterne in den Augen!« Und das war genug, um Mann und Kinder vergessen zu lassen.

Es gibt Filme, die ihren Sinn für viele Leute vor allem darin haben, dass Meg Ryan oder Robert Redford dort aussprechen, was man in einer langjährigen Beziehung leider kaum noch zu hören kriegt.

Die Familientherapeutin Virginia Satir hat gesagt: »Das größte Geschenk, das ich von jemandem empfangen kann, ist gesehen, gehört, verstanden und berührt zu werden.« Stimmt, oder? Komplimente sind der Beweis dafür, dass jemand mich sieht und wahrnimmt. Wir coolen Leute des 20. Jahrhunderts sind in dieser Disziplin ziemlich auf den Hund gekommen.

Wenn wir etwas schön finden, bringen wir es fertig zu sagen: »Sieht nicht übel aus!« Wenn uns etwas gut schmeckt, ringen wir uns ein »Kann man essen« ab.

»Net bruddelt, ist Lob genug«, hab ich im Schwabenland aufgeschnappt, aber es hat mich genauso wenig überzeugt wie der Kommentar des Mannes, der sagte: »Dass meine Frau mir gefällt, liegt doch auf der Hand; ich hätte sie sonst ja gar nicht geheiratet.«

Nein, das ist weder logisch noch theo-logisch.

Die Bibel erzählt, dass Gott seinem Sohn für das Leben auf dieser Erde ein Startkapital zukommen ließ. Und dieses Startkapital bestand in einer deutlich vernehmbaren Liebeserklärung: »Du bist mein lieber Sohn, du gefällst mir!«

Na, bitte! Wenn sogar dem Sohn Gottes solch ein Startkapital zugestanden wird, wie viel mehr sind dann wir kleinen, oft so verunsicherten Normalverbraucher darauf angewiesen! Also sagen wir uns gegenseitig, dass und was wir aneinander schätzen. Komplimente sind ein Lebenselixier. Dem, der sie macht, kosten sie wenig, und dem anderen helfen sie, gerne zu leben.

Liebestöter Nr. 4

»Lies mir aus den Augen, Kleines!« – Wenn Wünsche nicht deutlich geäußert werden

Eine Variation zum Thema

Ihr Tonfall ließ keinen Zweifel am Ernst ihrer Worte. »Die Blumen, die bringst du ja nur, weil ich dir gestern vorgeworfen habe, du hättest so gar keine Ähnlichkeit mehr mit dem Liebhaber von einst.«

Jürgen verschlug es die Sprache. Ja sicher, gestern Abend hatte Anke ihm mangelnde Aufmerksamkeit unterstellt und bemerkt, dass sie sich gar nicht mehr erinnern könne, wann Jürgen ihr das letzte Mal einen Blumenstrauß geschenkt habe. Genau das waren ihre Worte gewesen, und im Grunde hatte sie Recht.

Was lag da näher, als gleich am nächsten Tag nach Büroschluss eine Gärtnerei anzusteuern, um einen Strauß Blumen zu besorgen?

Gesagt, getan! Doch entgegen aller Erwartung hatte Jürgen damit offenbar genau das Falsche getan.

»So läuft das nicht, mein Lieber.« Das war Ankes Kommentar. »Entweder du kommst von alleine auf so eine Idee oder du lässt es ganz!«

Eine komplizierte Geschichte! Da beklagt jemand die mangelnde Aufmerksamkeit seines Partners. Der ist einsichtig, holt das Versäumte nach, und muss dann erleben, dass auch das nicht taugt.

Kein Dankeschön, kein Einlenken, stattdessen eine erneute Abfuhr! »Alles oder nichts!«, Ankes Philosophie in drei Worten.

Verstehen Sie das? Können Sie sich hineinversetzen in diese Frau? Offen gestanden, ich kann es durchaus! Diese hartnäckige

Sehnsucht nach Vollkommenem, die kenn ich sehr wohl. Dieser Wunsch nach lückenloser Zuwendung, nach Liebe, die immerzu hellwach ist und spürt, was ich nötig habe, Liebe, die weder träge wird noch angemahnt werden muss, und die mir vor allem eins erspart: jemals um Zeit, Blumen, Zärtlichkeit oder sonst etwas bitten zu müssen – dieser Wunsch ist mir absolut nicht fremd.

Und wissen Sie, wann er mich am meisten plagt? Er plagt mich dann, wenn nach einem umfangreichen Mittagessen der umfangreiche Abwasch erledigt sein will und es meine Kinder wie magisch zu Computer, Fernsehapparat oder Toilette drängt. Dann kann es schon mal passieren, dass ich den ganzen Kram lieber alleine erledige, als mich herabzulassen, meine Lieben um Unterstützung zu bitten.

Almosen will ich nämlich nicht. Man soll mir bitte unaufgefordert und aus völlig freien Stücken helfen, oder man soll es halt lassen! Denn ich sehne mich nun mal nach »Echtem»! Und echt scheint mir in diesem Zusammenhang nur das, was einer von sich aus für mich tut.

Wenn ich schon mal dabei bin, aus dem Nähkästchen zu plaudern – meinem Mann scheint es mitunter ähnlich zu gehen. Jedenfalls gibt es eine Reihe von Tätigkeiten, vorzugsweise Straßefegen, Getränkekästenschleppen, und Rasenmähen, bei denen sein Gesichtsausdruck geradezu tragische Züge annimmt. Und es kann unmöglich die Schwere dieser Tätigkeit an und für sich sein, die seine Gesichtszüge derart entgleisen lässt. Nein – es ist vielmehr die Seelenruhe unserer Kinder und deren selektive Blindheit für schmutzige Straßen, leere Getränkekästen und zu hohen Rasen, die ihm die Sprache verschlägt. Ach nein, das Äußern von Wünschen zählt nicht zu unseren leichtesten Übungen.

Und hätte es nicht derart unangenehme Folgen, wenn einer nicht sagt, was er gern möchte, dann müssten wir dieses Thema hier wahrlich nicht erörtern. In Wirklichkeit aber schlummert in einer Beziehung, wo Wünsche nicht deutlich geäußert werden, ein Liebestöter, der geradezu waffenscheinpflichtig sein müsste.

4.2 Wenn Wünsche nicht deutlich geäußert werden

Ich wiederhole mich: Niemand, der eine Partnerschaft beginnt, ist diesbezüglich ein unbeschriebenes Blatt. Über viele Jahre haben wir den Umgang unserer Eltern miteinander erlebt und ihren Umgang mit uns am eigenen Leib erfahren.

Und auch zum Thema Wunschverhalten haben wir in unseren Herkunftsfamilien die wesentlichen Lektionen erhalten:

- Da gab es Familien, in denen man sich frischweg und klar alles wünschte, was einem irgendwie wünschenswert erschien. Aber niemand erwartete deshalb, dass jeder Wunsch auch erfüllt werden müsse.
- In anderen Familien wünschte man sich nur die allerwichtigsten Dinge, die allerdings wollte man dann auch bekommen. Hier hatten Wünsche eher den Charakter von Aufträgen, und jede Missachtung wurde als tragisch empfunden.
- Es gab Familien, und die zählen keineswegs zu den Exoten, in denen man sich das Aussprechen des Wunsches gänzlich verkniff und stattdessen die dazu berechtigenden Umstände beklagte. Von außen belauscht wirkt das wie Kabarett – hören Sie mal:

Sie: »Ich muss heute Nachmittag Kirschen pflücken. Die blöde Leiter steht im Keller, und mir sind die Arme heute wie lahm. Ich weiß gar nicht, wie ich das alles schaffen soll!«

Er: »Das heißt, ich soll dir mal wieder die Leiter raufholen?«

Sie: »Wenn dir das schon zu viel ist, dann mach ich das auch noch alleine!«

Irre, oder?

- In anderen Familien sparte man noch sehr viel mehr an Worten. Da begnügte man sich mit der Minimal-Darstellung eines Missstandes und der Namensnennung dessen, der ihn beheben sollte. (»Die Butter, Irene!«)
- Und wenn Sie glauben, hier sei bereits das Magerste an Willensbekundung erreicht, dann irren Sie. Denn es gab und gibt Familien, in denen man seine Wünsche vorzugsweise durch Schweigen, Murren und Beleidigtsein ausdrückt. Als wir Babys waren, reichte das ja erfahrungsgemäß auch, um Mutter zu aktivieren! (Im Fall der fehlenden Butter wären hier der

suchende Rundblick über den Tisch plus demonstrativer Senkrechtstellung des Messers adäquate Mittel.)

- Und natürlich gab es von jeher Familien, die diese Form von nonverbaler Kommunikation obendrein noch idealisierten. Da wurde, wie gesagt, ganz wenig nur ausgesprochen. Denn da galt es als Kennzeichen einer intakten Beziehung, sich gegenseitig Wünsche und Bitten von den Augen abzulesen. Dort galt die Erfüllung nicht ausgesprochener Wünsche als besonderer Liebesbeweis und die Nichterfüllung nicht ausgesprochener Wünsche als Zeichen von Missachtung und Desinteresse.

So, und jetzt stellen Sie sich Folgendes vor: Da trifft einer (Jürgen zum Beispiel), der es von Haus aus gewohnt ist, klar und deutlich zu sagen, wonach ihn verlangt, auf ein Gegenüber wie Anke, deren höchstes Glück darin besteht, unausgesprochene Wünsche erfüllt zu bekommen.

Was passiert?

Sie äußert sich nicht. Entsprechend glaubt er, sie habe keine Wünsche, denn er ist es ja gewohnt, dass jeder frischweg sagt, was er sich wünscht.

Sie ist enttäuscht und platzt irgendwann mit massiven Vorwürfen heraus. Jürgen reagiert, erfüllt den Wunsch – und muss erleben, dass auch das nicht taugt. Denn für Anke zählt ja nur die Erfüllung nicht ausgesprochener Wünsche!

Dreh'n Sie es, wie Sie wollen – der Glaube, dass wahre Liebe telepathische Fähigkeiten verleiht und deshalb das freimütige Äußern von Wünschen überflüssig macht, ist ein Irrglaube, der liebestötende Wirkung hat.

Leute, die gut und gerne miteinander leben wollen, kommen nicht darum herum, ihre Wünsche klar und offen zu benennen. Irrglaube ist auch dann im Spiel, wenn jemand das deutliche Äußern von Wünschen für einen Ausdruck von Egoismus hält. Im höchsten Maß egoistisch scheint mir viel eher der zu sein, der sich um deutliche Wünsche herumdrückt und stattdessen die überzogene Erwartung hegt, man möge ihm seine Wünsche von den Augen ablesen. Egoistisch scheint mir auch, wenn einer bereits das Beklagen eines Missstandes für ausreichend hält, um die anderen in Bewegung zu setzen. Also sagen wir deutlich, was wir uns von dem anderen wünschen. Dann weiß er, woran er ist, und kann sich frei für Ja oder Nein entscheiden. Wir können uns auf diese Weise eine Menge Probleme ersparen.

Dabei fällt mir Brigitte ein. Sie war lange Zeit die beste Freundin von Susanne. Brigitte war krank, und Susanne fragte, ob sie ihr helfen könne. Brigitte lehnte ab und meinte, sie wolle im Moment lieber allein sein. Susanne kam trotzdem. (!)

Kurz darauf wurde Susanne krank. Brigitte fragte, ob sie Hilfe brauche. Susanne lehnte ab. Brigitte akzeptierte es. Susanne nahm es ihr übel. Und damit war das Ende einer Freundschaft besiegelt.

Irr-sinnig!

Merken Sie, wo hier der Liebestöter begraben liegt?

In der Bergpredigt sagt Jesus: »Bittet, so wird euch gegeben, klopft an, so wird euch aufgetan!« Wenn selbst dem, der uns Menschen geschaffen hat und der uns sicherlich bis auf den Bodensatz kennt, daran gelegen ist, dass wir ihm unsere Bitten klar und offen vortragen, wie viel mehr sind Menschen, die einander nur bis vor die Stirn gucken können, darauf angewiesen, miteinander Klartext zu reden!

– Wie wär's, wenn Sie sich mit Ihrem Partner zusammensetzten, um sich gegenseitig davon zu erzählen, wie man bei Ihnen zu Hause mit Wünschen umging? Waren Wünsche willkommene Äußerungen oder hieß es gleich: Kinder, die was wollen, die kriegen was auf die Bollen?

- Überlegen Sie doch mal, welche Konsequenzen Sie aus Ihrem Erleben zu Hause gezogen haben und wie Sie heute mit Wünschen umgehen!
- Haben Sie diesbezüglich mit den Menschen, mit denen Sie zusammenleben, einen gemeinsamen Nenner gefunden?
- Welche Wünsche zu äußern, fällt Ihnen leicht, bei welchen ist es schwer?
- Und was halten Sie von einem Spiel? Die Spielregel ist kurz und einfach: Sie erfüllen einander eine Woche lang nur die Wünsche, die klar und offen formuliert worden sind. Dabei werden Sie merken, wie sehr Sie sich häufig anderer Wege bedienen.

Wie auch immer – nicht zu sagen, was man sich wünscht, ist ein Liebestöter. Sich klar zu äußern ist allemal liebevoller, als den anderen im Dunkel tappen zu lassen oder ihn mit versteckten Erwartungen zu überfordern.

Liebestöter Nr. 5

»Alles, bloß keinen Streit!« – Wenn Störendes nicht mehr benannt wird

5.1 Variationen zum Thema

Variation Nr. 1

»Sonntags können wir nicht! Da sind wir grundsätzlich bei den Schwiegereltern zum Mittagessen.« Ich wäre nicht weiter erstaunt gewesen über Birgits Äußerung, hätte sie nicht ein kurzes »Ätzend!« hinterhergeschickt.

Das allerdings veranlasste mich, Mund und Augen aufzusperren und zu fragen, warum sie dieses sonntägliche Ritual denn um alles in der Welt vollzögen, wenn sie es derartig »ätzend« fänden. (Immer wieder erstaunlich, wie treffsicher wir Unsinniges aufspüren, solange wir auf der Zuschauertribüne sitzen ...) Jedenfalls holte Birgit zu umfangreicher Verteidigung aus: Sie wolle einfach keinen Krach und handle in diesem Punkt ihrem Mann zuliebe. Der wiederum fände die sonntäglichen Besuche ebenso ätzend wie sie, wolle aber auf keinen Fall Ärger mit seiner Mutter. Für die gehöre der Besuch ihrer Kinder nun mal zum Sonntag dazu, was sie allerdings nicht davon abhielte, der Familie nach getaner Arbeit regelmäßig ihre geschwollenen Füße zu demonstrieren. Und wenn irgendeiner vorschlüge, man könne sich doch in Zukunft nur noch vierzehntägig treffen, bringe Schwiegermutter die Diskussion plötzlich auf die ebenso abwegige wie heikle Schiene und frage, ob es den Kindern denn nicht mehr schmecke bei ihr.

»Total verrückt, das Ganze«, sagt Birgit, »aber immer noch besser als Streit!«

Variation Nr. 2

Ich fasse es nicht: Nach dreiundzwanzig Jahren hat Frau Ulrich die Scheidung eingereicht. »Ich hab mich nie beschwert«, sagt sie. »Jahrelang hab ich mir selber gut zugeredet, einfach nicht so wichtig zu nehmen, was mich an diesem Mann stört. Bloß keinen Streit, hab ich gedacht. Es sind ja nur Kleinigkeiten, hab ich mir gesagt. Und irgendwann muss er das doch selber mal merken, auch ohne dass ich es ihm sage.

Nichts hat er gemerkt!

Und jetzt ist Schluss. Ich ertrag's einfach nicht mehr. Tag für Tag dieselben schlechten Manieren! Dreiundzwanzig Jahre mitzuerleben, wie er grundsätzlich dann zu sprechen beginnt, wenn er den Mund voll hat. Dreiundzwanzig Jahre sein ignorantes Verhalten zu ertragen, egal, ob er beim Essen die Zeitung liest oder jedes Essen nachsalzt, ohne überhaupt probiert zu haben. Dreiundzwanzig Jahre zu erleben, wie er die Nase hochzieht und das Ergebnis jeder Rasur im Waschbecken hinterlässt ... Denken Sie meinetwegen, ich sei kleinkariert und pedantisch«, sagt Frau Ulrich, »aber ich halte das nicht mehr aus. Geschluckt hab ich, weiß Gott, lange genug!«

5.2 Wenn Störendes nicht mehr benannt wird

Mit Dominosteinen spielt man Domino, klar! Man kann die einzelnen Spielsteine aber auch aufrecht zu einer langen Reihe aufstellen, den ersten Stein der Reihe antippen und fasziniert zusehen, wie alle anderen Steine in Mitleidenschaft gezogen werden und ebenfalls umkippen. Eine Kettenreaktion, ausgelöst durch ein einziges umgekipptes Steinchen. Ich nehme an, Sie kennen dieses Spiel.

Bezogen auf unser Thema: In vielen zwischenmenschlichen Beziehungen gibt es solch einen »umgekippten Dominostein«. Irgendein Störfaktor hat den Anfang gemacht. Und wenn dieser »Stein« nicht gestoppt, benannt oder weggeräumt wird, steht eine Kettenreaktion bevor, die als »globale Klimakatastrophe« enden kann.

Störfaktor kann alles Mögliche sein. Unterschiedliche Menschen fühlen sich nun mal durch unterschiedliche Dinge gestört.

Vielleicht mag Sie nichts von dem, was auf Frau Ulrichs Beschwerdeliste stand, »kratzen«, aber dafür kann es Sie vielleicht zur Weißglut bringen, wenn jemand häufig zu spät kommt, Ihnen Nacht für Nacht die Ohren vollschnarcht, genüsslich am Brillenbügel knabbert oder im Stehen pinkelt.

Hier wie da Kleinigkeiten, ja sicher! Aber nicht, wenn sie jahraus, jahrein immer wieder passieren!

Die Zeiten, in denen wir das schlechte Benehmen unseres Partners als Ausdruck seiner Originalität schätzen, sind in der Regel eher kurz. Und dann? Dann muss Störendes benannt werden.

Unbedingt? Nein, natürlich nicht!

Leute vom Stamm der Harmonieliebhaber schaffen es mitunter, sich jahrzehntelang einzureden, die störende Angelegenheit sei im Grunde bloß eine lächerliche Bagatelle, die sich wahrscheinlich irgendwann von ganz alleine verflüchtige. (An dieser Stelle kann übrigens jeder Vergleich mit Leuten, die ihre Partner hintergehen, schlagen, verleumden oder umbringen, äußerst dienlich sein, um die schlechten Manieren des eigenen Partners als Peanuts abzutun.)

Andere Harmonieliebhaber umgehen eine fällige Auseinandersetzung, indem sie sich beispielsweise bei einer Freundin ausheulen, bei der eigenen Mutter, am Stammtisch oder beim Pfarrer. Im Ernst: Es gibt Pastoren, die kennen die Vorwürfe mancher Leute gegen ihre Partner besser, als die Partner selbst diese Vorwürfe kennen; und manche Freundin weiß bereits von Scheidungsabsichten, während der Ehemann der Betreffenden sich nach wie vor glücklich verheiratet glaubt.

Selbstverständlich kann, wer eine direkte Auseinandersetzung scheut, seinen Frust auch verschieben und an anderen auslassen; und stehen dafür weder Kind noch Hund zur Verfügung, dann gibt es vielleicht Arbeitskollegen, die einem aushelfen können.

Ob Sie es glauben oder nicht, manche Leute suchen die Schuld für das schlechte Benehmen ihres Partners auch lieber bei sich als beim Partner, nur um eine Auseinandersetzung mit demselben zu vermeiden.

Alles in allem: Der Vorteil dieser Strategien heißt: kein Streit, keine Auseinandersetzung, die Illusion einer harmonischen Beziehung bleibt unangetastet. Und genau das wissen eingefleischte Harmonieliebhaber zu schätzen. Wer schluckt, hält Frieden! Diese Vorstellung nistet in vielen Köpfen. Wer mit Kritik spart, erntet Harmonie! Stimmt's?

Nein. Aber ich gäb was darum, wenn es so wäre, glauben Sie mir. Denn auch bei diesem Kapitel sitze ich nirgendwo anders als im Glashaus. Nur stimmt es leider nicht, dass der, der mit Kritik spart, Harmonie erntet. In Wirklichkeit hat der, der spart, was für später!

Und wer mit Kritik spart, der hat später mehr Probleme als vorher! Zu viel Friedlichkeit plus Höflichkeit ergibt »Fried-höflichkeit«, sagt Friedemann Schulz von Thun. Es gibt so viel Stille in Beziehungen, die mit Frieden nichts zu tun hat. Äußerlich ist alles ruhig. Aber tief drinnen brodelt ein Vulkan, mit dessen Ausbruch jederzeit zu rechnen ist. Aufgesparter Ärger löst sich eben nicht in Luft auf. Er sucht Ventile, verlassen Sie sich drauf, in heimlicher Rache, im Reden hinter dem Rücken, im inneren Rückzug ...

Nicht umsonst zählen alle diese Strategien zu den »Miederhosentricks«, die zwar den Vorteil haben, Unangenehmes wegzudrängen, deren Nachteil allerdings darin besteht, dass all das erfolgreich Weggedrängte ein paar Zentimeter höher in Form unansehnlicher Ersatzreifen wieder auftaucht!

Aber bleiben wir nüchtern! Hin und wieder werden wir alle zu den oben genannten Strategien greifen. Macht gar nichts. Immer und überall über alles Störende zu reden, das wäre ja gar nicht auszuhalten! Aber, wenn eine(r) das offene Gespräch über Störendes chronisch vermeidet, dann haben wir es unzweifelhaft mit einem

Liebestöter zu tun, und wenn er sich noch so gekonnt als Friedenstaube tarnt.

Wo man einander nicht sagt, was einen stört, da mag vielleicht nie so ein richtiger Streit vom Zaun brechen, da entwickelt sich stattdessen aber allzu oft ein Klima ständiger kleiner diffuser Nörgeleien, und die Begeisterung füreinander schrumpft bis zur Unkenntlichkeit. In den Sprüchen Salomos kann man lesen: »Es ist allemal besser, offen zu tadeln, als heimlich Hass zu sammeln.«

Klug, dieses Wort, wenn auch, wie gesagt, nicht so ganz leicht verdaulich für manche Leute.

Das größte Problem in den ersten Jahren unserer Ehe bestand darin, dass ich penetrant zu schweigen begann, sobald mir etwas gegen den Strich ging.

In meinem Hinterkopf befand sich das Ideal: Wer den anderen wirklich liebt, kritisiert nicht an ihm herum, der nimmt ihn ohne jeden Abstrich an, so wie er ist. Und wenn das schwierig ist, dann kann er darum beten, dass Gott ihm die Kraft dazu schenken möge. Ich glaube heute, dass diese meine »edle« Gesinnung ein Stück weit auch Trick 17 war, der es mir ersparte, die Auseinandersetzung mit meinem Mann zu wagen, und dass mein Gebet, Gott möge meine fehlende Annahme »auffüllen«, eine gewisse Ähnlichkeit hatte mit dem Kindergebet: »Lieber Gott, bitte mach doch, dass die Vitamine aus dem Spinat in den Schokoladenpudding kommen!«

Es stimmt schon: Ein offenes Wort über das, was stört, braucht Mut. Aber das andere stimmt ebenso: Dieser Mut ist lernbar.

Und nötig ist dazu erst mal nichts weiter als die Entscheidung, Störungen als normal anzusehen und nicht als Anfang vom Ende.

Eine enge Beziehung, ohne Ärger übereinander, ohne Reibung, ohne Auseinandersetzung? Es mag sie geben. Aber sie sollte sich die Frage gefallen lassen: Ist hier vielleicht die Liebe der Gleichgültigkeit gewichen? Wurzelt unsere Harmonie möglicherweise mehr in Desinteresse als in Liebe?

Hat sich hier vielleicht einer dem anderen »um des lieben Friedens willen« völlig angepasst?

Wo Licht ist, ist auch Schatten! Und wo kein Schatten ist, da ist auch kein Licht. Wo Interesse am anderen besteht, wo es Sehnsucht gibt, mit dem anderen eins zu sein, da gibt es immer wieder auch das Leiden an der Unterschiedlichkeit. Da gibt es Reibung und Ärger. Beides gehört zur Liebe, wie der Schatten zum Licht. Leute, die den Mut zum offenen Gespräch über Störendes lernen wollen, sind gut beraten, sich das immer auf's Neue zu vergegenwärtigen. Im Übrigen habe ich mal gehört, die Vorstellung von einem Paar, das 25 Jahre ohne ein böses Wort zusammengelebt habe, verrate ein Maß an Temperament und Geist, das man sonst nur an Schafen bewundere. Hilfreicher Hinweis, oder?

Und jetzt zur Praxis!

Wie krieg ich nun heraus, ob es einen umgekippten Dominostein im eigenen System gibt? Die Lösung ist ebenso einfach wie phantastisch. Hin und wieder frage ich danach: »Gibt es etwas, was dich an mir stört? Dann sag es mir bitte!« Anschließend geht es anders herum, dann bin ich gefragt zu sagen, was mich stört. Wir erteilen uns also gegenseitig die Erlaubnis zur Kritik. Ich weiß nicht, ob Ihnen das Unnormale dieser Vorgehensweise auf Anhieb ins Auge springt. Aber normalerweise gehen wir eben höchst selten so vor. Normalerweise warten wir, bis irgendetwas uns auf 180 gebracht hat und dann explodieren wir. Das trifft den Beschuldigten meist aus heiterem Himmel, weshalb er erst mal um sich schlägt und den Kritiker zum Zwecke des Selbstschutzes als hysterisch oder wechseljahrsgeplagt abwehrt. Oder er geht in die Defensive und streitet, was ihm zur Last gelegt wird, schlichtweg ab. Ein uneffektiver Streit, ein Verfahren, an dessen Ende es ausnahmslos Verlierer gibt. Besser: einander fragen und dann ehrlich sagen, was stört!

Wo wir uns das gegenseitig erlauben und es nicht zwischen Tür und Angel tun, passiert, was mit Dominosteinen nicht klappt: Wenn der eine Störfaktor benannt ist, stellt sich der »Dominostein« wieder aufrecht, und nicht selten begeben sich daraufhin auch die anderen »Steine« wieder in richtige Stellung. Das ist nicht einmal davon abhängig, ob der Kritisierte sein Verhalten sofort ändert.

So. Und am Ende gibt es das streitlose Paar? Nein! Wer sich auf Beziehungen zu anderen Menschen einlässt, lebt permanent im Spannungsfeld zwischen Anpassung und Abgrenzung, zwischen der Sehnsucht zu verschmelzen und der Sehnsucht, Eigenständigkeit zu bewahren.

Und sobald wir Letzteres gefährdet sehen, starten wir Befreiungskämpfe. Plötzlich lässt uns irgendetwas unzufrieden werden. Es kommt zum Streit, der uns augenblicklich zu der gewünschten Distanz von dem anderen verhilft, und langfristig die Sehnsucht nach Wiederannäherung schürt.

»Halt Abstand!« Das ist die schlichte Botschaft der meisten Streitigkeiten. Vielleicht ist es Ihnen schon aufgefallen, dass man viele Streitsituationen im Rückblick gar nicht mehr nachvollziehen kann. Der Gegenstand des Streits scheint rückblickend eine derartige Bagatelle zu sein, dass man sich nur wundern kann, dass man deshalb alles mögliche auf's Spiel gesetzt hat.

Ich erinnere mich an einen erbitterten Kampf um einen Weihnachtsbaum. Mein Mann hatte ihn besorgt. Der Baum kostete (das hätte einen auch anno '74 schon Verdacht schöpfen lassen müssen) ganze 11,– DM, wies eine überdurchschnittliche Rückgratkrümmung auf und verfügte über Lichtungen, die zu füllen es luftballongroßer Kugeln bedurft hätte.

Mein Mann fand das eher komisch als tragisch, ich dagegen war meilenweit entfernt, die Sache mit Humor zu nehmen, im Gegenteil! Ich war stocksauer über so viel »Geschmacksverirrung« und leitete daraus wilde Theorien über unüberbrückbare Gegensätze zwischen meinem Mann und mir ab.

Wie gesagt, der Gegenstand eines Streites ist oftmals das Unwichtigste an ihm. Ich erinnere mich auch an einen vehementen Streit um die Frage: Müssen Kinder ihren Teller leer essen oder nicht? Das Verrückte daran: Uns trennten zum damaligen Zeitpunkt noch ganze drei Jahre von der Geburt unseres ersten Kindes!

»Der größte Streit unserer Ehe drehte sich um die Anschaffung eines Rasenmähers. Dabei hatten wir nicht einmal einen Rasen.« Das las ich neulich als Ausspruch von unbekannt. Und ich finde, es trifft den Nagel auf den Kopf. Viele Leute berichten, dass sie nach besonders innigen Zeiten offenbar auch besonders anfällig seien für Auseinandersetzungen. Und das scheint mir höchst logisch, wenn man bedenkt, dass eine unserer großen Lebensaufgaben nun einmal darin besteht, sowohl soziales Wesen als auch sich abgrenzendes Individuum zu sein. Kurzum: Dass einer sich über den anderen aufregt, ist normal, hat vielfältige Gründe und wichtige Funktionen. Gefährlich ist ein Beschwerdestau. Aber dazu muss es zum Glück niemand kommen lassen.

Liebestöter Nr. 6

»Und bist du nicht willig, dann werde ich krank!« – Wenn die Galle Regie führt und Ohnmacht zu Macht wird

6.1 Variationen zum Thema

Variation Nr. 1

D. D. Jackson erzählt in seinem Buch *Ehe als Lernprozess* von der jüdischen Mutter, deren Sohn ein christliches Mädchen heiraten will. Obwohl die Mutter zutiefst empört ist, hört sie ihren Sohn geduldig an und gratuliert ihm zu seiner Wahl. Der ist völlig überrascht – und ein wenig argwöhnisch, zumal die Mutter ihm anbietet, die beiden könnten nach den Flitterwochen herzlich gern in ihrer Wohnung leben.

»Wie soll das gehen, Mutter?«, fragt der Sohn. »Du hast doch nur ein einziges Schlafzimmer!«

Daraufhin sagt die Mutter: »Werden wir denn noch zwei brauchen? Wenn ich erst von der Brücke gesprungen bin, könnt ihr doch beide ganz bequem hier wohnen!«

Nun ja. Selbstmorddrohungen mögen nicht jederfraus Sache sein.

»Du treibst mich noch in den Tod!«, das ist allemal eine krasse Aussage mit bleibendem Eindruck. Aber »Du machst mich krank!«, das ist zwischen Eltern und Kindern, Freunden und Ehepartnern eine gängige Redewendung.

Variation Nr. 2

»In meinen Kindheitserinnerungen«, sagt Ulla Weber, »gibt es eine Szene, die sich leider allzu oft wiederholte. Ich sitze mit Vater, Mutter und meinen Schwestern am Mittagstisch – und niemand sagt ein Wort. Papa und die Mädchen gucken stur auf ihre Teller, nur ich guck Mutter an und sehe, wie sie mit den Tränen kämpft. Ich frage: ›Was hast du, Mama?‹, aber sie antwortet nicht. Dann springt Papa cin: ›Mama hat wieder Migräne. Es wird ihr alles zu viel. Seid bloß brav heute Nachmittag! Keinen Streit und keine fremden Kinder! Und wer will, dass es Mama besser geht, der hilft gleich beim Abwasch.‹

Ich weiß bis heute nicht, was meine Schwestern wollten, aber beim Abwasch habe immer nur ich geholfen. Und ich hätte noch viel, viel mehr gemacht, wenn ich dadurch eine fröhliche, gesunde Mutter bekommen hätte.«

Variation Nr. 3

»Die Krankheiten meines Mannes haben angefangen, als ich nach zehnjähriger Familienpause wieder erwerbstätig wurde«, erzählt Frau Keller. »Mein Mann war damals arbeitslos und reichlich unzufrieden. Zu Hause standen wir uns gegenseitig auf den Füßen. Ich dachte, es könnte uns und unserem Portmonee gut tun, wenn ich zurückginge in meinen Beruf als Krankenschwester und mein Mann echte Verantwortung für ›Haus und Hof‹ übernähme.

Aber daraus wurde nicht viel. Mein Mann klagte schon längere Zeit über Schlafprobleme, und plötzlich wurde es damit so schlimm, dass er immer erst gegen Morgen einschlief. Die Folge war, dass er nicht rechtzeitig aus dem Bett kam, um die Kinder für die Schule fertig zu machen. Wir haben alles Mögliche probiert, um seine Schlafstörungen in den Griff zu bekommen, Abendspaziergänge, lauwarme Bäder, Entspannungstechniken, Beruhigungstees. Nichts half. Im Gegenteil: Es kamen täglich andere Beschwerden hinzu.

Mein Mann wurde immer unleidlicher, in der Wohnung sah es aus wie auf dem Schlachtfeld, die Kinder jammerten, ich solle wieder zu Hause bleiben. Und genau so ist es schließlich auch gekommen.

Manchmal habe ich eine riesengroße Wut auf meinen Mann, wenn wir am helllichten Tage mit Filzpantoffeln durchs Haus schleichen, um seinen angekratzten Nerven keinen unnötigen Krach zuzumuten.

Ich hab Wut, weil er sich selber als hoffnungslosen Fall ansieht und längst aufgehört hat, nach Hilfe Ausschau zu halten, und weil ich durch seine Krankheit gezwungen bin, zu Hause zu bleiben.

Manchmal male ich mir aus, mein Mann wäre nicht mehr da, ich wäre allein erziehend und käme damit bestens zurecht.

Aber dann schäme ich mich für solche Gedanken und mein Mann tut mir wieder Leid. Dann sag ich den Kindern, wir müssten alle ganz lieb sein zu Papa, dann würde es ihm sicher bald wieder besser gehen.«

6.2 Wenn Ohnmacht zu Macht wird

Es gibt Leute, denen darf man alles nehmen, nur nicht ihre Krankheiten. Dabei leiden sie tatsächlich. Und ich würde mich hüten zu behaupten, diese Menschen würden simulieren.

Nein, um Simulanten geht es nicht. Das Leiden ist echt, selbst wenn keinerlei somatische Ursachen auffindbar sind. Nur hat, wie man weiß, in diesem Leben alles seine zwei Seiten. Kein Zustand bietet ausnahmslos Vorteile, kein Zustand ausnahmslos Nachteile.

ASPIRI
PHILIPP

Und das ist bei Krankheiten ebenso. Kranksein ist beschwerlich, zweifellos. Das ist die eine Seite.

Und die andere?

- Kranke dürfen sich ausruhen. Wer ist schon so garstig und bürdet einem Leidenden noch Arbeit auf?
- Kranke werden mit unangenehmen Dingen und Nachrichten verschont. Wer wird der Mutter schon erzählen, dass man wahrscheinlich nicht versetzt wird, wenn sie sich sowieso schon so schlecht fühlt!
- Kranke werden beachtet. (Viele Leute erzählen, dass »ein bisschen Kranksein« ihnen wohlige Gefühle bereite, weil sie als Kinder in Krankheitszeiten immer so herrlich verwöhnt wurden.)
- Kranke werden getröstet, gestreichelt, gepflegt.
- Kranken wird Gesellschaft geleistet oder sie werden in Ruhe gelassen, je nach Wunsch.
- Kranke werden umsorgt und beschenkt. Kranke sind entschuldigt für Nichterledigtes, für Nichtgelungenes, für Nichtgeschafftes.
- Kranke können bestimmen.
- Kranke erreichen, dass andere ihretwegen persönliche Anliegen zurückstellen, ohne dass man darum bitten muss.

Alle diese Vorteile verflüchtigen sich im Falle einer Gesundung oft blitzschnell. Wen wundert's also, dass manch ein Kranker den Arzt meidet wie andere Leute die Pest?

Krankheit tut weh, das ist die eine Seite der Medaille. Aber wenn einem all die oben genannten Annehmlichkeiten nur im Krankheitsfall geboten werden, dann kann es passieren, dass Krankheit trotz des Leidens, das mit ihr verbunden ist, unverzichtbar scheint und paradoxerweise zu einem kostbaren Gut wird.

Ob Sie es glauben oder nicht, es gibt eine Menge Familien, da bedarf die Frage, ob die Kinder ein Motorrad fahren dürfen oder nicht, keinerlei langwieriger Überlegungen, denn da entscheidet der Blutdruck der Mutter.

Es gibt Familien, da regelt das Herzleiden des Vaters, wie oft, wie lange und mit wem die Tochter (nicht) ausgehen darf. Und so praktisch es einerseits auch sein mag, unliebsame Entscheidungen an Galle, Herz, Blutdruck oder Migräne zu delegieren, auf Dauer wird diese Vorgehensweise zum absoluten Liebestöter.

Denn irgendwann fällt es auf, dass Papa immer dann sein Herzleiden verspürt, wenn's brenzlig wird und ihm die Argumente ausgehen. Das verärgert, denn man hat plötzlich das untrügliche Gefühl, erpresst zu werden.

Und dann?

Ganz klar, dann wird protestiert: »So nicht, Papa, nicht mit mir! Mich kannst du auf diese Weise nicht beeindrucken! Es tut mir ehrlich Leid, dass du Herzschmerzen hast, aber ich werde mir deshalb trotzdem nicht vorschreiben lassen, mit wem ich befreundet sein darf. Mit meinen Freunden musst nämlich nicht du, sondern ich zurechtkommen, und deshalb such ich sie mir auch alleine aus!«

So! Basta! Das sagt man.

Aber ... Wir wollen uns nichts vormachen, man sagt es vor allem sich! Vielleicht sagt man's noch den Geschwistern, den Freunden, vielleicht sogar allen, die es hören wollen oder nicht, außer – Papa. Den blafft oder schweigt man allerhöchstens an, um sich ihm kurze Zeit später dann doch zu beugen. Und dann? Dann wird die Wut noch größer auf Papa, diesen Erpresser, und auf sich selbst, weil man keinen Weg findet, sich ihm zu entziehen. Und irgendwie lässt man es ihn spüren, was Papa allerdings nur noch mehr anspornt, sein Leiden zu demonstrieren. Und so weiter, und so weiter. Und schon hat man den Stoff, aus dem leicht lebenslange Verstrickungen werden können.

Und die Lösung?

Ob es helfen könnte, mit detektivischer Raffinesse herauszufinden, ob die Krankheit überhaupt so gravierend ist, wie der Kranke uns zu verstehen gibt? Ob es sinnvoll ist, den Kranken zum Vertrauensarzt zu schleppen, ihn quasi einer objektiven Instanz vorzuführen, die abklären soll, wie viel Rücksichtnahme er eigentlich von uns erwarten darf?

Ich fürchte, dass solche Aktionen im besten Fall nichts und im Normalfall sogar das Gegenteil von dem bewirken, was wir erhoffen. Denn selbst dann, wenn der Arzt tadellose Organe attestiert, werden die geschilderten Leiden einer Patientin ausreichen, ihr eine »vegetative Dystonie« zu bescheinigen. Und wenn ihr die exakte Bedeutung dieser Diagnose auch nicht recht klar ist – dass es hier um psychosomatische Störungen geht, das weiß man. Und dass deshalb Stressabbau und Entspannung oberstes Gebot sind, das ist in jedem Boulevard-Blättchen nachzulesen.

Sehr wahrscheinlich sagt der Arzt: »Am besten keine große Aufregung, Frau Kunz! Sie müssen jetzt endlich mal an sich denken! Lassen Sie Ihre Familie auch mal was tun!«

Na also! Was will man mehr. Das reicht allemal! Das wird Eindruck machen! Damit kann man sich getrost nach Hause wagen. Und alle wissen: Jetzt liegt Mutters Wohlergehen in unserer Hand. Was für eine Bürde!

Nein, einen Menschen, der mit seiner Krankheit taktiert, mit Hilfe eines Mediziners kurieren zu wollen, das geht ins Auge.

Was aber könnte wirklich helfen?

Würde es nützen, sich der Einfachheit halber in allem und jedem den Vorstellungen des Kranken zu beugen? Würde sich das Herzleiden, das Frau Delling einzig und allein den vielen Dienstreisen ihres Mannes zuschiebt, in Luft auflösen, wenn der Gatte sich endlich in den Innendienst versetzen ließe? Wäre Herrn Müllers Magenschleimhaut kein Thema mehr, sobald einer der Söhne endlich bereit wäre, das elterliche Geschäft weiterzuführen? Ist es wahrscheinlich, dass Frau Holles Atemnot sich verflüchtigt, wenn die Tochter ihre Auslandspläne sausen lässt?

Nein, wahrscheinlich nicht. Dazu sind wir Menschen einfach zu schlau. Wenn wir einmal begriffen haben, mit welcher Strategie wir unsere Ziele am besten erreichen, dann ist es eher wahrscheinlich, dass wir sie beibehalten und so oft wie möglich auch zur Erreichung anderer Ziele einsetzen.

Was also löst das Dilemma?

Könnte es helfen, auf Distanz zu gehen? Es ist ja nicht selten, dass Leute, die sich mittels Krankheit ihrer Eltern oder Partner gegängelt fühlen, die Flucht ergreifen. Und eine gewisse Entlastung bringt die Flucht auf alle Fälle. Leider nimmt man sein schlechtes Gewissen immer mit – und wenn man bis Australien flüchtet, denn gegen Kilometer ist ein schlechtes Gewissen absolut resistent.

Also. Hände in den Schoß und resignieren? Keineswegs!

Eine Lösung liegt durchaus im Bereich des Möglichen:

- Wichtig ist, sich klar zu machen, dass Taktier-Kranke nicht darauf aus sind, uns zu schaden, sondern sich zu schützen (vor der Angst, heranwachsende Kinder loslassen zu müssen zum Beispiel, oder der Angst vor einer offenen Aussprache über Störendes, oder davor, allein gelassen zu werden).
- Wichtig ist, sich klar zu machen, dass eine Lösung nicht von dem Taktier-Kranken, sondern von dem, der sich durch ihn gegängelt fühlt, zu erwarten ist.
- Wichtig ist, sich immer wieder neu vor Augen zu führen, dass Gängelei nur dann funktioniert, wenn eine(r) sich gängeln lässt. Es ist, wie es ist: Der Mensch bestimmt das Maß seiner Schlinge – nicht immer, aber häufiger, als wir es wahrhaben möchten.

- Wichtig ist, nicht mehr wie bisher darüber zu lamentieren, wie leid man es sei, sich von irgendwelcher Leute Kopfweh schikanieren zu lassen, und sich kurz darauf doch wieder ihrem Diktat zu beugen.
- Wichtig ist, sich ihrem Diktat nicht mehr zu beugen.

Leicht gesagt, werden Sie einwenden. Das klingt nach grünem Tisch! Aber da tun Sie mir Unrecht. Kapitel 6 ist, genau wie alle anderen Kapitel, im Glashaus geschrieben worden. Im Übrigen hab ich ja nicht behauptet, dass es ein Kinderspiel sei, sich fortan nicht mehr unter Druck setzen zu lassen, oder dass Taktier-Kranke auf der Stelle gesund werden, sobald man ihr Treiben boykottiert. Ich habe lediglich gesagt, die einzige Möglichkeit, Taktier-Kranke zu entmachten, sei die, sich ihnen nicht mehr zu beugen.

Dass eine solche Strategie-Änderung weder für den Taktier-Kranken noch für die Gegängelten schmerzfrei vonstatten geht, ist zweifelsohne richtig.

Denn bei allem Zorn, den man auf den Taktier-Kranken hatte, solange man sich ihm zähneknirschend beugte, konnte man sich selbst zumindest noch als guten Menschen fühlen, dem das Wohl eines anderen über alles geht.

Und genau davon gilt es Abschied zu nehmen – kein Pappenstiel! Manch einer stöhnt zwar seit Jahr und Tag über die Krankheit (oder die krankhafte Besorgnis!) von Mutter, die einen zwingt, bei ihr daheim zu hocken, während andere die weite Welt erkunden, aber dafür spürt die Aufopfernde auch niemals die Angst vor der weiten Welt, und das ist für viele Leute ein höchst willkommenes Nebenprodukt.

Wie dem auch sei, das Taktieren mittels Krankheit und übermäßiger Besorgnis ist ein Liebestöter per excellence, zunächst recht praktisch, auf Dauer tödlich! Denn es gibt keine wirkliche Freundschaft zwischen dem, der diktiert, und dem, der sich duckt.

Taktier-Kranke sind keine gemeinen Scheusale, wahrhaftig nicht! Es geht ihnen sicher nicht darum, ihren Mitmenschen zu schaden, es geht ihnen vielmehr darum, sich selbst zu schützen. Denn so freimütig sie einem demonstrieren, was sie haben, so gehemmt sind sie, klar und direkt zu sagen, was sie wollen, was sie fürchten, was sie ablehnen. Und solange ihre Umgebung schon springt, sobald sie sich demonstrativ ans Herz fassen, ergibt sich für sie keine Notwendigkeit, dieses kindlich-regressive Verhalten hinter sich zu lassen, nachzureifen und ihre Anliegen so klar und offen zu formulieren, dass andere darauf ebenso klar und offen Ja oder Nein sagen können.

Es ist nicht unsere Aufgabe, Taktier-Kranken ihr Kranksein auszureden. Es ist ebenso wenig unsere Aufgabe, ihr Leiden in Zweifel zu ziehen oder ihnen die kalte Schulter zu zeigen. Aber unsere Aufgabe ist, uns als mündige Menschen nicht bevormunden zu lassen.

Taktier-Kranke lassen ihren Körper sprechen. Sie vermeiden es, ihre Anliegen klar und offen in Worte zu fassen. Aber mit Verlaub: Wenn Liebe in der Lage ist, Mutlosen Flügel wachsen zu lassen, dann schafft sie es auch, Taktier-Kranke mehr und mehr zum Reden zu ermutigen. Und dann kann es tatsächlich passieren, dass die Krankheit »ihre Beherrschung« verliert, überflüssig wird und ein Mensch trotz zunehmenden Alters von Tag zu Tag ein bisschen gesünder wird.

Liebestöter Nr. 7

»Ich sag nur: Sommerurlaub 96!« – Wenn das Aufwärmen alter Schulden kein Ende nimmt

7.1. Variationen zum Thema

Variation Nr. 1

Was Streit betraf, waren Krauses einiges gewohnt. Aber das, was sich Albert Krause im Sommerurlaub 96 geleistet hatte, übertraf alles. Anlass und Inhalt der Auseinandersetzung spielen an dieser Stelle keine tragende Rolle. Das Ungeheuerliche lag vielmehr darin, dass Albert mitten im Streit aufsprang und Frau und Kindern kund tat, er habe die Nase voll von diesem öden Urlaub, er würde den nächsten Zug Richtung Heimat nehmen.

Typisch Albert! Aber jetzt war Schluss! Immer, wenn's unangenehm wurde, dann verzog er sich. Erika Krause war fest entschlossen, nach dem Urlaub die Scheidung einzureichen.

Aber als sie und die Kinder zwei Wochen später aus dem Zug stiegen, stand Albert auf dem Bahnsteig, verschämt hinter fünfzig roten Rosen versteckt, flehte um Gnade und gelobte Besserung.

Erika fand das unheimlich rührend. (Den Leuten drumherum ging es offenbar ebenso, was die Szene geradezu fernsehreif machte.) Und plötzlich war da kein Platz mehr für Groll und Scheidungspläne; alles schien wieder gut.

1997
DU HAST MEIN LIEBLINGSHEMD IN DIE ALT-KLEIDERSAMMLUNG GEGEBEN!
1982
DU HAST EINE BEULE IN DEN WAGEN GEFAHREN
1984
NOCH EINE BEULE!
1980
BELLO IST VERHUNGERT
BELLO
1978
DU HAST MEINEN GEBURTSTAG VERGESSEN
1995
1984
DU HAST MEINE MUTTER BELEIDIGT!
1985
DU HAST MIT BERND GEFLIRTET
WAGEN
1986
DU HAST MICH BERND GENANNT!
1990
1998
DU HAST DIE GRÜNEN GEWÄHLT
PHILIPP

»Lass uns die Sache begraben und nie mehr daran rühren«, sagte Erika und war fest entschlossen, sich an diese Abmachung zu halten. Seitdem sind drei Jahre vergangen. Erikas Plan hat sich leider nicht erfüllt. Jede aktuelle »Kurzatmigkeit« von Albert erinnert sie an die Geschichte aus dem Sommerurlaub. Entsprechend fallen Erikas Bemerkungen aus. Das wiederum ärgert Albert, und die Stimmung zwischen den beiden wird von Tag zu Tag schlechter.

Variation Nr. 2

Emmi Winkel war achtundachtzig. Jeder, der auf ihrem Sofa Platz nahm, bekam – darauf konnte man getrost Wetten abschließen – immer die gleiche Geschichte zu hören: Da hatte es einst einen schmucken jungen Mann gegeben, dessen Zuneigung Emmi allzu gern erwidert hätte. Emmis Eltern aber waren strikt gegen diese Verbindung. Und ihnen hatte Emmi, wie es sich für ein christliches Mädchen gehörte, selbstverständlich gehorcht. Nächtelang, so erzählte sie, habe sie bitter geweint und ihr Herz sei voller Groll gewesen. Dann aber habe ihr der Pfarrer persönlich ins Gewissen geredet, sie auf das 4. Gebot aufmerksam gemacht und dringlich gemahnt, Emmi müsse ihren Eltern vergeben.

Von da an habe sie ihren Eltern fröhlich vergeben und der ganze Groll habe sich in Luft aufgelöst.

So gerne wir Emmi Winkler geglaubt hätten, an diesem Punkt gelang es uns wirklich nicht. Wozu käut man eine Geschichte immer und immer wieder, wenn sie angeblich längst verdaut ist?

Übrigens: Kaum war Emmi fertig mit ihrer Beteuerung, keinerlei Groll mehr zu hegen, ging sie dazu über, ihr Unverständnis über die Jugend von heute zu äußern, über deren Unverschämtheit, elterliche Gebote zu missachten und elterlichen Rat abzulehnen, und so weiter, und so weiter. Und wenn man ganz genau hinhörte, dann blieb einem nicht verborgen, dass bei dieser Rede Emmis Zähne knirschten, ein Geräusch, das auftaucht, wenn einer schwer daran zu beißen hat, dass andere sich etwas leisten, was man selber sich mühsam verkniffen hat.

Variation Nr. 3

»Es stimmt«, sagt Jens, »ich habe Mirjam betrogen. Aber das ist vorbei. Zum Glück bin ich rechtzeitig aufgewacht, bevor sich irgendwas Ernstes entwickeln konnte. »Und«, beteuert Jens, »ich habe die Angelegenheit anständig beendet. Mirjam und ich haben noch am selben Tag über alles geredet, vollkommen ruhig, wie zivilisierte Menschen halt! Es war das erste Mal, dass ich gemerkt habe, wie sehr es uns genutzt hat, an allen diesen Kommunikationsseminaren teilzunehmen. Für mich ist die Sache erledigt. Seit dreizehn Monaten habe ich von der anderen Frau nichts mehr gehört. Und wahrscheinlich hätte ich ihren Namen schon vergessen, würde Mirjam mir meinen Seitensprung nicht derartig penetrant nachtragen. Aber ihr ist jede Gelegenheit recht. Ich sage: ›Schatz, heute wird es spät!‹ Sie sagt mit deutlich ironischem Unterton: ›Das hab ich doch schon mal irgendwann gehört. Pass aber auf, dass es nicht plötzlich fünf vor zwölf ist!‹

Ich sage: ›Ich brauche dringend einen neuen Anzug.‹ Sie fragt (als ob das eine logische Rückfrage wäre), ob ich eine neue Kollegin hätte. Lese ich ausnahmsweise die Zeitung während des Essens, sagt sie: ›Lies nur, lies nur! Schließlich brauchst du einen Ort, an dem du dich gehen lassen kannst!‹

Überall Anspielungen und Misstrauen ohne Ende. Und am schlimmsten ist es, wenn ich mit Mirjam schlafen möchte. Dann fällt ihr garantiert im besten Augenblick irgendetwas ein, was es ihr leider unmöglich macht, sich mir zuzuwenden. Ich versteh langsam gar nichts mehr!«

7.2. Wenn das Aufwärmen alter Schulden kein Ende nimmt

Abscheulich, oder, wenn jemand immer und immer wieder den Schnee von gestern bemüht und alte Geschichten zum Schlechten gibt?

Schlimm, wenn eine(r) direkt oder mittels Spitzen und Anspielungen immer wieder zu verstehen gibt: »Glaub bloß nicht, ich könnte vergessen, was du mir angetan hast!« (Eine Form von Rache, bei der die Hände sauber bleiben.) Wer derartig nachtragend ist, der darf sich doch nicht wundern, wenn seine Mitmenschen bald das Weite suchen.

Mir persönlich schien Unversöhnlichkeit lange Zeit vollkommen unbegreiflich. Ich hielt Nachtragen schlichtweg für schlechtes Benehmen, das jeder normale Mensch je nach Belieben hegen und pflegen oder abstellen könne. »Tout comprendre c'est tout pardonner.« – »Alles verstehen heißt alles verzeihen.« Zahlreiche meiner alten Schulbücher liefern den Beweis, dass dieser Satz, von mir in jede nur denkbare Ecke gekritzelt, ganz offensichtlich zu meinen liebsten gehörte.

Das Verzeihen gehörte über Jahre zu meinen leichtesten Übungen. Darüber hinaus verfügte ich allerdings noch über zwei weitere geniale Fähigkeiten. Die erste bestand darin, lange, lange, gar nicht zu merken, wenn mir jemand wehtat; die zweite bestand darin, die Schuld grundsätzlich bei mir zu vermuten. Beide Fähigkeiten bewahren hartnäckige Harmonieliebhaber davor, sich wehren zu müssen. Aber das nur nebenbei.

Wie gesagt, das Verzeihen fiel mir jahrelang ganz leicht. Dass die alles verzeihende Marion sehr wohl in der Lage war, tief verletzt, zornig und nachtragend zu sein, habe ich entdeckt, als jemand es wagte, mein weites Herz für alle und jedes schlicht als eklatanten Mangel an Konfliktfähigkeit zu entlarven. (Durchweg

Scheusale, diese Leute, die einem mühsam errichtete Selbstbilder zerschmettern, stimmt's?) Wie dem auch sei, seit dieser Erfahrung behaupte ich jedenfalls nicht mehr, dass das Nachtragen kinderleicht abzustellen ist, wenn man nur will.

Heute denke ich: Das ständige Aufwärmen alter Schulden gehört zweifellos zu den Liebestötern; andererseits verhält sich der, der nachträgt, aber exakt so, wie es ihm im Augenblick möglich ist. Wer immer wieder die alten Geschichten hervorkramt, drückt aus: Ich kann den Fall noch nicht zu den Akten legen. Zum Loslassen fehlen mir z. Zt. noch entscheidende Voraussetzungen.

Welche das sein könnten?

Denken Sie an Erika und Albert! Halten Sie Erikas Unversöhnlichkeit für verwunderlich? Wenn Sie mich fragen, dann waren Alberts umwerfende Verzeih-mir-Gesten rührend und publikumswirksam, aber es sieht ganz so aus, als hielten Albert und Erika mit besagten Gesten die ganze Wiedergutmachung für erledigt. Was Erika allerdings dringend gebraucht hätte, wäre Alberts Bereitschaft gewesen, Auseinandersetzungen zukünftig aus- und durchzuhalten, statt mittendrin die Brocken zu schmeißen und das Weite zu suchen. Solange Albert diese not-wendende Erwachsenenbildung jedoch galant mit Rosen zu umgehen sucht und Erika das zulässt, wundert es wenig, wenn Erika das Vergangene nicht loslassen kann.

Unversöhnlichkeit ist oftmals Ausdruck dafür, dass einer sich viel zu schnell bewegen ließ, den viel zitierten Schwamm zu bemühen,

- animiert durch eine rührende Verzeih-mir-Geste,
- oder weil man selber keine Lust auf langwierige Klärung hat,
- weil man die Disharmonie schnellstmöglich beenden will,
- oder weil man es zulässt, dass die Aufmerksamkeit allzu schnell von neuen Themen beansprucht wird.

Alles denkbar, alles menschlich!

Nur leider bewirkt die Schwamm-drüber-Taktik keine wünschenswerte »Flurbereinigung«. Im Gegenteil: Sie konserviert die Altlasten. Unbearbeitetes kennt unzählige Möglichkeiten, sich in Erinnerung zu rufen. Jede neue »Kurzatmigkeit« von Albert belebt die alte Geschichte und verschafft der Urlaubsmisere ein Comeback.

Wer nachträgt, drückt aus: Ich bin noch nicht fertig mit dem »Fall«.

Erinnern Sie sich an Emmi Winkel?

Die trug, so oft sie auch das Gegenteil beschwor, ihren Eltern nach sechzig Jahren immer noch nach, dass sie ihr die große Liebe verboten hatten.

Das wundert mich überhaupt nicht, war es doch Druck von außen, der sie angeblich zum Verzeihen bewegt hatte. Vergebung, die auf Druck hin zustande kommt, die greift allerdings genauso wenig wie Vergebung im Schwamm-drüber-Verfahren. Solange nicht eigenes Wollen dazukommt, fehlt zum Loslassen die wichtigste Voraussetzung.

Wer nachträgt, drückt aus: Ich bin noch nicht fertig mit der Angelegenheit. Denken Sie an Mirjam! Mal ehrlich, es wirkt nicht gerade sympathisch, wie die ihren Jens bei jeder Gelegenheit an seinen Seitensprung erinnert. Aber ist es verwunderlich? Die zwei hatten ja Treue vereinbart. Und plötzlich erfährt Mirjam, dass Jens sie betrügt. Das tut weh. Das ist einer der Augenblicke, in denen einem die gemeinsame Vergangenheit schlagartig wertlos, die Gegenwart unerträglich und die Zukunft völlig fraglich erscheint. Mirjam ist abwechselnd gekränkt und wütend, voller Selbstzweifel und traurig. Und in dieser verzweifelten Situation, sagt Jens (man höre und staune!), habe man noch am selben Tag als zivilisierte Menschen in aller Ruhe und ohne den guten Ton zu verletzen alles miteinander geklärt.

Finden Sie das bewundernswert?

Ich finde es paradox und frage mich, ob diese blutleere Kommunikation im schlimmsten Fall der »Erfolg« allzu vieler Kommunikations-Seminare sein könnte.

Aber, wie dem auch sei: Die Klärung, die Jens erzielt zu haben glaubte, entpuppte sich jedenfalls als Schein-Unternehmen. Mirjam hätte es sonst kaum nötig gehabt, die Sache wieder und wieder zum Thema zu machen.

7.3 Und jetzt? Gibt es Möglichkeiten, dem Nachtragen vorzubeugen?

Dass wir unvollkommene Menschen einander auch in Zukunft immer wieder Entscheidendes schuldig bleiben, das ist, wie es ist.

Mag das moderne Scheidungsrecht längst nicht mehr von Schuld sprechen, so hat man durch die Streichung des Wortes »Schuld« leider nicht zugleich deren Existenz ausradieren können.

Man kann das bejammern und beklagen, kann sich fortstehlen aus Beziehungen, deren Unvollkommenheit einem unerträglich scheint, man kann ein regelrechter Beziehungsvermeider werden, aber zwingend ist das keineswegs.

Viel entscheidender nämlich als die Tatsache, dass wir aneinander schuldig werden, ist die Art und Weise, wie wir anschließend damit umgehen. Viel entscheidender als die Tatsache, dass wir uns entzweien, ist die Art und Weise, wie wir den Weg zur Wiedervereinigung gestalten.

Wichtig ist, dass wir laut vernehmlich »Aua« schreien (mit welchen Worten auch immer), wenn wir verletzt worden sind. Erstens ist es die ganz natürliche Reaktion auf einen Schmerz, zweitens trägt es entscheidend dazu bei, dass der andere überhaupt begreift, was er ausgelöst hat.

Wir haben uns in den letzten Jahrzehnten so stark wie nie zuvor mit dem Thema Kommunikation beschäftigt. Und seit Thomas

Gordon die Welt mit seiner Familienkonferenz bereichert hat (ich habe davon an anderen Stellen enorm profitiert), ist manch ein Gewitter auf der Strecke geblieben.

Spontane Empörung ist konstruktiver Sanftmut gewichen. Leise, ehrliche Selbstoffenbarungen (»Ich bin betroffen«) sind an die Stelle aggressiver Anschuldigungen getreten. Moderne, kommunikationsgeschulte Paare müssen keine Fenster mehr schließen, wenn sie Auseinandersetzungen zu erledigen haben. Bis zum Exzess haben wir gelernt, immer erst zu gucken, was das mit uns zu tun haben könnte, wenn wir auf unseren Partner sauer sind. Und wer es einigermaßen weit gebracht hat in der Disziplin der Selbstinspektion, der findet am Ende immer weniger Gründe, seinem Partner etwas vorzuwerfen, und immer mehr Gründe, das Problem bei sich selbst zu sehen.

Um Missverständnissen vorzubeugen: Ich halte Gordons Prinzipien an vielen Stellen für enorm hilfreich. Aber alles zu seiner Zeit! Wo zunächst mal ein laut vernehmbares »Aua« am Platz ist, wo aber stattdessen zwanghaft an Ich-Botschaften gebastelt wird, da muss man sich nicht wundern, wenn der Schuldner sein Vergehen für halb so schlimm hält und dem schmerzhaften Vorfall nicht die Bedeutung beigemessen wird, die ihm zusteht. Und dann? Dann kann es passieren, dass die Erinnerung an den Vorfall chronisch wird, wie eine verschleppte Bronchitis.

Einlenken ist gut! Den eigenen Anteil suchen, ist gut! Klären ist gut! Vergeben ist gut!

Aber bitte nicht vor oder statt einer ehrlichen Empörung! Darum geht's!

Wichtig ist außerdem, sich von nichts und niemanden zu vorschnellen Friedensschlüssen drängen zu lassen.

Eine Frau kam zur Beratung, und auf meine Frage, was sie zu mir führe, setzte sie mit einer Belehrung an: Die Bibel sei voll mit Aufforderungen, einander zu vergeben. Im Übrigen stände dort, dass wirkliche Liebe alles erdulden und alles ertragen könne, dass sie Unrecht nicht zurechne und niemals nachtragend sei.

Sie selber, sagte die Frau, sei ein gläubiger Mensch, und die Bibel sei für sie unbedingte Richtschnur ihres Handelns. Trotzdem fehle ihr die Kraft, ihrem Mann zu verzeihen, der sie zwar seit Jahren immer wieder mit anderen Frauen betrüge, es aber nachher zutiefst bereue.

Ich erinnere mich sehr genau an die anschließende Schilderung ihres Ehedramas und dass ich, jegliche therapeutische Distanz vergessend, am liebsten gesagt hätte: »Liebe Frau, was Sie zuallererst mal brauchten, wäre die Kraft, ihrem ›Großwildjäger‹ kräftig vors Schienbein zu treten. Danach können wir uns Gedanken über Vergebung machen.« Aber keine Angst, das habe ich mir verkniffen, zumal dieser Tipp sowieso keine Chance gehabt hätte, akzeptiert zu werden. Im Laufe einiger Gespräche kam die Frau von ganz allein darauf, dass Vergebung zwar unverzichtbar ist, um eine gestörte Beziehung zu heilen, dass sie aber immer am Ende eines Prozesses steht und nicht am Anfang, und dass es auf dem Weg dorthin keine Abkürzung gibt.

Wer verletzt ist, braucht einen Raum, um empört sein zu können. Groll, den wir uns vorschnell verbieten, verflüchtigt sich nicht, er baut sich unterirdisch auf und entfaltet dort eine Dynamik, die den Stoff für »Hundert Jahre Nachtragen« bietet.

Wer verletzt ist, braucht Zeit, zerbrochene Ideale zu betrauern und zu bestatten. Wer verletzt ist, muss selber über Nähe und Distanz bestimmen dürfen, die er in dieser Situation braucht, muss vor Gott und Menschen schweigen oder reden dürfen, je nach Bedarf.

»Und wenn du dir das zur Genüge gegönnt hast, wachst du eines Tages auf und bist bereit für den nächsten wichtigen Schritt in Richtung Vergebung.« (Zitat einer Freundin, deren Mann nach 22 Jahren Ehe vorübergehend eine Jüngere für die Richtige hielt.)

Und worin besteht dieser nächste, wichtige Schritt?

Im Anteilnehmen!

Von Alfred Adler, dem Begründer der Individualpsychologie, stammt der Ausspruch: »Ich lehne es ab, einen einzelnen Menschen auch nur zu denken.« Mit anderen Worten: Niemand von uns verhält sich losgelöst vom Rest der Welt. Niemand steuert seine Aktionen unbeeinflusst von den Aktionen anderer.

Alles, was mein Partner tut oder lässt, steht auch im Zusammenhang zu dem, was ich selber tue oder lasse.

Die Frage, die es gemeinsam zu klären gilt, lautet demnach: Hat das, was du getan hast, in irgendeiner Weise auch mit mir oder unserer Beziehung zu tun?

Die Klärung ist ähnlich angenehm wie das Reinigen einer Schürfwunde, aber genauso wichtig. Bei dieser Klärung geht es nicht darum, die Schuld kleinzureden oder abzuwälzen auf Partner und widrige Umstände; es geht vielmehr darum, die Schuld zu beleuchten und eventuell Klarheit darüber zu schaffen, worauf man in der Beziehung zukünftig stärker achten will, um einer erneuten Bauchlandung vorzubeugen.

Und dann?

Dann riecht es so ganz allmählich nach echter Versöhnung. Ob es manche Leute von ihrem Naturell her besonders schwer haben, zu verzeihen?

Ja!

Allerdings ist diese Benachteiligung weder schicksalshaft noch genetisch bedingt. Wer sich ungewöhnlich schwer tut zu verzeihen, ist oftmals einer, der auf dem Weg, sich selbst zu erkennen, noch nicht allzu weit gekommen ist. Für den liegen die eigenen Abgründe noch im Dunkeln, der hält sich in Wirklichkeit noch für makellos (auch wenn er im Allgemeinen mühelos eingesteht, er habe »wahrscheinlich auch irgendwo seine Fehler«).

Wer auf Dauer unversöhnlich bleibt, hat möglicherweise noch

nicht gemerkt, dass er im Glashaus sitzt, und deshalb glaubt er sich befugt, mit Steinen zu schmeißen. Wer auf Dauer unversöhnlich bleibt, kneift möglicherweise beide Augen fest zu vor der Tatsache, dass wir alle zu allem Möglichen fähig sind, je nachdem, welchen Bedingungen wir ausgesetzt sind.

Von Christian Friedrich Hebbel stammt das denkwürdige Wort: »Um jemandem leichter vergeben zu können, muss man eine kleine Sünde begehen, damit er auch etwas zu vergeben hat.« Mit anderen Worten: Solange wir nicht absteigen vom hohen Ross unserer eigenen Tugendhaftigkeit, solange glauben wir allzu leicht, dass Fehler bei ausreichender Anstrengung durchaus vermieden werden könnten. Und dieser Irrtum begünstigt Unversöhnlichkeit.

Gibt es Leute, die (ohne konfliktscheu zu sein) besonders gut verzeihen können?

Ja!

Das sind die, die um ihr eigenes Versagen wissen, die, die sich das Staunen darüber bewahrt haben, dafür weder von Gott noch von Menschen buchhalterisch entsprechend behandelt zu werden, und die, die es genießen, dass man ihnen 7 x 70-mal gute Besserung zutraut.

Ich bleibe dabei: Wichtiger als die Tatsache, dass wir immer wieder aneinander schuldig werden, ist die Art und Weise, wie wir darauf reagieren.

Mag jede Beziehung auf dem Weg zur Versöhnung ihre eigenen Rituale haben, ehrliche Empörung sollten wir uns nicht verkneifen.

Raum und Zeit sollten wir uns gönnen, um zu verarbeiten und um schließlich in der Lage zu sein, auch unseren eigenen Anteil an der Schuld des anderen zu entdecken.

Auf diese Weise wird Versöhnung möglich und ständiges Aufwärmen alter Schulden überflüssig. Und das ist das Beste, was allen Beteiligten passieren kann.

Liebestöter Nr. 8

»Ich hab mich entschuldigt, was willst du noch mehr?« – Wenn der Angeklagte seine Entlastung selber übernimmt

8.1 Variationen zum Thema

Variation Nr. 1

Birgit Butenschön hatte ihrer Kollegin vor versammelter Mannschaft mal deutlich die Meinung gesagt: Wie merkwürdig sie es fände, dass Renate alle drei bis vier Wochen aus einem Zustand strotzender Gesundheit in einen grippalen Infekt verfiele ..., dass sämtliche Kollegen ebenfalls der Meinung seien, Renate sei faul und unkollegial ..., und dass man wohl wie Renate mit dem Chef verwandt sein müsse, um weder Abmahnung noch Kündigung befürchten zu müssen.

Jeder im Raum spürte die aufgestaute Wut, die sich da entlud. Die anderen raunten Birgit zu, sie könnten sich nicht erinnern, sie zur Sprecherin ernannt zu haben; aber da war alles schon gesagt. Renate fing an zu schluchzen. Und jetzt merkte auch Birgit, dass sie den Bogen überspannt hatte. Sie stand auf, setzte sich auf den freien Stuhl neben Renate, legte eine Hand auf Renates Arm und sagte: »Ich möchte mich entschuldigen, wehtun wollte ich dir echt nicht!« Seitdem sind vier Monate vergangen. Und Birgit sagt: »Ich fasse es nicht. Renate behandelt mich wie Luft. Sie tut so, als hätte ich mich niemals entschuldigt. Aber dafür gibt es zum Glück genügend Zeugen.«

Variation Nr. 2

»Eins möchte ich vorausschicken«, sagt Hans zu Beginn unseres Gespräches, »dass ich kein Engel bin, das weiß ich. Aber das andere weiß ich auch: Ich habe von klein auf gelernt, mich zu entschuldigen, und ich tue es oft genug. Vorgestern zum Beispiel, ich war schlecht drauf, im Betrieb war die Hölle los. Und als meine Kollegin dann auch noch wegen angeblicher Kopfschmerzen eine geschlagene Stunde früher nach Hause wollte, war ich stocksauer. Zu Hause bin ich dann bei der erstbesten Gelegenheit ausgerastet, so heftig, dass meine Frau sich heulend in ihr Zimmer verzog. Da bin ich dann zu ihr gegangen und habe gesagt: ›Schatz, für meinen Ausbruch entschuldige ich mich. Sei nicht sauer, bitte!‹« »So«, sagt Hans zu mir, »glaubst du, es hätte irgendetwas genützt? Nein! Heute läuft Ulrike immer noch rum wie 'ne beleidigte Leberwurst. Ich frage mich: Was soll ich, bitte schön, noch veranstalten? Soll ich vor ihr auf die Knie fallen oder Blumen anschleppen? Ich weiß es beim besten Willen nicht.«

8.2 Wenn der Angeklagte seine Entlastung selber übernimmt

Ich könnte mir vorstellen, dass Sie an diesem Punkt noch überlegen, welches Verhalten ich in Kapitel 8 überhaupt für »waffenscheinpflichtig« halte, dass es auf den folgenden Seiten aber höchstwahrscheinlich den »beleidigten Leberwürsten« an den Kragen geht.

Bedaure! Der Liebestöter aus Kapitel 8 verbirgt sich an einer anderen Stelle und betrifft das Sich-Entschuldigen.

Sich selbst zu entschuldigen, ist nämlich genau genommen nicht eine mögliche Form, um Verzeihung zu bitten, sondern das Gegenteil.

Wer sich selbst entschuldigt, vermeidet kurioserweise das, was er zu tun glaubt: den Geschädigten um Entschuldigung zu bitten. Denn die Person, bei der man sich zu entschuldigen glaubt, hat in der Formulierung »Ich möchte mich entschuldigen« schon grammatisch gar keinen Platz!

Wer sich selbst entschuldigt, mag nicht darauf warten, ob und wann der Geschädigte sich dazu bereit erklärt. Wer sich selbst entschuldigt, macht sozusagen eine tiefe Verbeugung und behält dennoch das Zepter in der Hand.

Hans hat sich entschuldigt, *sich* wohlgemerkt! Und das ist

paradox! Denn wer einen anderen Menschen verletzt hat, der kann sich gar nicht selbst ent-schulden. Er kann nur um Entschuldigung bitten.

Könnte es sein, dass einer, der sich selbst entschuldet, vor allem die schnelle Wiederherstellung der eigenen weißen Weste im Sinn hat und weniger die Wiedergutmachung für den anderen?

Sie mögen jetzt einwenden, ich betriebe an dieser Stelle wohl doch ein wenig Wortklauberei, und dass einer, der sagt: »Ich will mich entschuldigen« im Grunde doch das Gleiche meine wie der, der sagt: »Bitte verzeih mir!« Mit Verlaub: Das glaube ich nicht. Dazu passt dieser grammatische Fehler einfach viel zu gut zu unserer Abneigung,

- jemandem Dank oder Abbitte zu schulden,
- abhängig zu sein von der Gunst anderer,
- jemanden um Vergebung bitten zu müssen
- und es geduldig ihm zu überlassen, unserer Bitte zu entsprechen oder nicht.

Es stimmt schon: Wer sich schuldig macht, ist darauf angewiesen, dass der Geschädigte ihm verzeiht. Wer Mist baut, kann nicht zugleich der sein, der bestimmt, ob und wann ihm verziehen wird. Er kann nur darum bitten. Und mitunter kann es lange dauern, bis seiner Bitte entsprochen wird.

Was die allseits beliebte Formulierung »Ich wollte dir nicht wehtun« betrifft – da fürchte ich, mogeln wir uns ebenfalls galant an der Wirklichkeit vorbei. Wer einen anderen, wenn auch nur mit Worten, vors Schienbein tritt und anschließend beteuert: »Ich wollte dir nicht wehtun«, der lügt sich in die eigene Tasche.

Machen wir uns nichts vor: In Wirklichkeit reichen Zahnschmerzen, um einen edlen Charakter aus der Fassung zu bringen. In Wirklichkeit reicht es, dass wir schlecht drauf sind, Zoff bei der Arbeit haben, einen Strafzettel kassieren oder uns ungerecht behandelt fühlen, und schon sind wir sehr wohl zu allerhand

Gemeinheiten in der Lage. Und ich schätze, das wird, solange wir auf dieser Erde leben, auch nicht zu vermeiden sein.

Aber hören wir auf, es zu leugnen! Was für eine paradoxe Situation: Nicht genug, dass dem Geschädigten das Schienbein schwillt und schmerzt, nein, jetzt soll er auch bitte noch glauben, dass schwarz im Grunde weiß sei, und dass der Schienbein-Treter diese Gemeinheit eigentlich gar nicht gewollt habe.

»Fünf Mark für's Phrasenschwein«, fällt mir dazu nur ein. Kein Wunder jedenfalls, wenn bei solcher Art von »Beichte« die Absolution lange auf sich warten lässt, oder?

Also dann: Leugnen wir nicht, dass wir hin und wieder ziemlich garstig sind, und bitten wir aufrichtig um Entschuldigung! Das ist nötig und möglich, und es birgt allemal größere Chancen, Vergebung zu erfahren, als der Versuch, uns selber zu entschuldigen für ein Unrecht, von dem wir kurioserweise auch noch behaupten, es keineswegs beabsichtigt zu haben.

PS: Apropos Selbstrechtfertigung ... Mitunter verkleidet sie sich derart geschickt, dass man sie kaum noch erkennt.

»Können Sie sich vorstellen, Ihren Mann um Verzeihung zu bitten?«, hatte die Therapeutin gefragt, und Inge Mehr hatte bitter gelacht. Als ob Ehebruch ein Bagatellschaden wäre, für den sie ihren betrogenen Mann so einfach um Verzeihung bitten könnte. »Typisch Therapeutin«, dachte Inge. Allmählich begriff sie, warum die Leute in ihrer Kirche der Psychologie so skeptisch gegenüberstanden.

Nein, so leicht wollte Inge es sich nicht machen, so billig wollte sie wirklich nicht davonkommen. Lieber drosch sie Tag für Tag mit ihren Selbstanklagen auf sich ein: »Es hätte niemals passieren dürfen! Ich habe meinen Mann betrogen; ich habe meinen Schöpfer beleidigt, denn vor beiden habe ich schließlich lebenslange Treue gelobt. Das werde ich mir nie verzeihen!

Was für eine demütige Frau, könnte man meinen. Aber ist das, was wie Demut aussieht, nicht letztlich auch nur der Versuch, die Rechtfertigung selber bewerkstelligen zu wollen?

Inge ist es lieber, sich selbst zu kasteien, als sich Gnade schenken zu lassen. Schade! Schade um die ganze schöne Zeit, die Inge für ihre Selbstbeschimpfung braucht, Zeit, die sie besser darauf verwand hätte, die Beziehung zu ihrem Mann neu zu gestalten. Schade und äußerst paradox, wenn ausgerechnet Christen zu dieser Strategie greifen, und sich damit im Grunde anmaßen, höhere moralische Maßstäbe zu haben als der heilige Gott selbst. Der ermutigt nämlich wahrhaftig nicht zur Selbstbeschimpfung, sondern lässt uns in seinem Wort ausrichten: »Wenn ihr eure Sünden bekennt, dann ist Gott treu und gerecht, dass er euch die Sünden vergibt und reinigt euch von aller Ungerechtigkeit.« Schade und vollkommen unlogisch, wenn ausgerechnet Christen es vorziehen, nach einem Versagen, ganz gleich welcher Art, zerknirscht am Boden zu hocken, statt aufzustehen, um Vergebung zu bitten und mit aller Energie einen Neuanfang zu starten.

Es ging in diesem Kapitel um die Bitte um Verzeihung im Gegensatz zur Selbstrechtfertigung. Ich hoffe, Sie konnten es heraushören, dass ich nicht eine korrekte Sprache anmahnen wollte, sondern eine angemessene Haltung.

Wenn letztere o.k. ist, dann blitzt sie auch durch – und wenn die Worte noch so ungeschickt gewählt sein mögen.

Liebestöter Nr. 9

»Wenn du nicht so schlampig wärst, käme ich auch lieber nach Hause!« – Wenn einer glaubt, dass nur der andere sich ändern müsse

9.1 Variationen zum Thema

Elke sagt: »Wenn du meine Arbeit mehr schätzen würdest, dann hätte ich auch mehr Lust dazu.«

Friedericke sagt: »Wenn du nicht so viel trinken würdest, wäre ich nicht so nervös und unleidlich.«

Max sagt: »Umgekehrt! Wenn du nicht so unleidlich wärest, würde ich mit Sicherheit weniger trinken.«

Elli sagt: »Kinder, wenn ihr besser gehorchen würdet, müsste ich nicht so viel mit euch schimpfen.«

Wilfried sagt: »Wenn du dich mal ein bisschen mehr um Allgemeinwissen bemühtest, würde ich mich garantiert lieber mit dir unterhalten.«

Maike sagt: »Peter, wenn du dich mehr um die Kinder kümmern würdest, wäre ich nicht mit den Nerven fertig.«

Der Chef zu seiner Sekretärin: »Wenn Sie auf Ihrem Schreibtisch nicht so viel Unerledigtes stapeln würden, müsste ich auch nicht ausrasten.«

Die Sekretärin zu ihrem Chef: »Ich glaube eher, ich könnte sehr viel mehr erledigen, wenn Sie nicht immer so ausrasten würden.«

Hilde sagt: »Wenn du nicht ein derartiger Schweiger wärest, könnte ich mir das Geld für den Therapeuten sparen.«

9.2 Wenn einer glaubt, dass nur der andere sich ändern müsse

»Wenn mein Partner bloß anders wäre!« – Wer hätte das wohl noch nie gedacht!

»Wenn mein Partner bloß anders wäre!« – Diese Klage zählt in der Eheberatung zu den häufigsten überhaupt.

Mit anderen Worten: Wenn es nur an mir läge, wäre alles in Ordnung. Quertreiber, Störenfried, Spielverderber ist einzig und allein meine Frau, mein Mann, der Kollege, der Chef, die Kinder, die Nachbarin. Kommt es im Rahmen einer Beratung dann zur Anhörung der »Gegenseite«, kriegt man normalerweise Alibis präsentiert, das Thema wird auf die Macken des Klägers gelenkt, oder es wird einem erzählt, dass der Kritiker sich auf dem absoluten Holzweg befände, da der Sachverhalt in Wirklichkeit genau umgekehrt sei. Tatsache sei, dass der Kritiker leider permanent Ursache und Wirkung vertausche, das alte Henne-Ei-Problem!

Fazit: Vorwurf steht gegen Vorwurf, alles bleibt, wie gehabt. Die Klage des einen wird mittels Gegenklage des anderen vom Tisch gewischt. Keiner rührt sich vom Fleck. Die beklagte Misere wird konserviert. »Wenn-du-bloß«-Nörgler erhalten den Status quo und liefern Stoff für unerfreuliche Gegenangriffe (»Du hast es nötig, zu meckern! Guck lieber mal, was du ...!«) Darüber hinaus haben »Wenn-du-bloß«-Nörgler auch deshalb keine Aussicht auf Erfolg, weil Nörgler-Tiraden als Ansporn einfach nicht geeignet sind.

»Sag doch mal was!«, lässt den Schweiger noch lange nicht darauflosplaudern.

»Bemüh dich doch mal um eine bessere Allgemeinbildung!«, weckt noch lange keinen Wissensdurst.

»Kümmer dich doch mal«, ermuntert keineswegs zu mehr Eigeninitiative.

Wie gesagt, entweder bleibt alles, wie gehabt, oder es kommt zu völlig unsinnigen Streitereien; der Ewig-Bemängelte hat irgendwann die Nase voll und verzieht sich.

»Wenn-du-bloß«-Nörglelei, wenn sie denn chronisch wird, ist in ihrer Wirkung totsicher und hat auf der Liste liebestötender Techniken Anspruch auf einen der oberen Ränge.

Dass »Wenn-du-bloß«-Nörgler zu allem Übel auch noch selber

festschreiben, was sie bitter beklagen, das grenzt schon an Verrücktheit, ohne Frage. Aber Einstellungen schaffen nun mal Tatsachen. Und wer einem anderen ständig vermittelt: »Du sagst ja nie was«, oder: »Du tust doch überhaupt nichts«, der wird am Ende erleben, dass der Kritisierte ihm diese Beurteilung quittiert – und ihr tatsächlich entspricht. Wir alle haben nun mal die Tendenz, so zu sein, wie andere es von uns denken, sagen und erwarten.

9.3 Und jetzt?

Soll Maike sich den Wunsch, Peter möge sich intensiver um die Hausarbeit kümmern, etwa von vornherein verkneifen? Nein, sicher nicht!

Hauptsache, sie hängt die Nörgelei an den Nagel und äußert ihren Wunsch stattdessen offen, freundlich und bestimmt.

Und dann?

Dann, lieber Peter, wisch um alles in der Welt die Sache nicht vom Tisch! Nimm Maike ernst! Sag: Okay! Ich hab's gehört. Du wünschst dir, dass ich dir mehr helfe. Grundsätzlich bin ich einverstanden. Also lass uns Folgendes abklären: Ist die Veränderung, die du dir wünschst, ganz allein von mir zu bewältigen? Oder ist dazu auch ein Beitrag deinerseits vonnöten, und wenn ja, welcher?

Wenn es in unseren zwischenmenschlichen Systemen so viel Festgefahrenes und so wenig Veränderung zum Guten gibt, dann hängt das zutiefst damit zusammen, dass uns das, was man seit einiger Zeit systemisches Denken nennt, noch nicht in Fleisch und Blut übergegangen ist.

Mit anderen Worten: Wir tun uns offenbar schwer zu kapieren, wie eng das, was der eine tut oder lässt, verknüpft ist mit dem, was die Leute in seiner direkten Umgebung tun oder lassen.

Es ist ja völlig in Ordnung, wenn Maike sich wünscht, dass

Peter ihr bei der Hausarbeit helfen möge. Nur wird das Ausmaß von Peters Engagement auch davon abhängen, ob an anderer Stelle Maike diejenige ist, die Peters Wünschen entgegenkommt. Partnerschaft zwischen Mann und Frau hat nun mal sehr viel mehr Ähnlichkeit mit einem Handelsabkommen, als hoffnungslose Romantiker das glauben möchten.

Weiterhin wird Peters Bereitschaft, sich zu Hause zu engagieren, auch davon abhängen, ob Maike ihm dabei seinen eigenen Stil zugesteht, oder ob sie alles, was Peter anfasst, nachträglich korrigiert und damit abwertet.

Ohne Frage: Wenn Elli sich gehorsame Kinder wünscht, dann ist das allzu verständlich.

Nur ist Gehorsam keine Tugend, die Kinder ganz für sich allein im luftleeren Raum entwickeln, die vielmehr Folge davon ist, Leute um sich zu haben, die einem bereitwillig und interessiert zu-hören. Manchem unerhörten Benehmen liegt ein un-erhörtes Anliegen zugrunde, sagt Friedeman Schulz von Thun.

Und wenn Hilde sich wünscht, ihr Freund möge mehr mit ihr reden?

Auch dann wird, sofern besagter Freund grundsätzlich zu einer Veränderung bereit ist, Hilde dazu einen Beitrag leisten müssen. Mindestens eine »Lücke« müsste sie ihm einräumen (und das kostet mancher Quasselstrippe echte Anstrengung). Wer reden soll, muss im Übrigen spüren können, dass sein Beitrag für den Zuhörer von Bedeutung ist. Und wer reden soll, darf seine Worte nicht erst lange filtern müssen, aus Angst vor der Zensur.

Kurz: Wenn einer sich wünscht, daß der andere sich ändern möge, dann hat er prima Chancen, solange es ihm gelingt, sein Anliegen als Wunsch, nicht als Vorwurf zu formulieren, und solange er bereit ist, seinen Teil zu dieser Veränderung beizutragen.

Nörgeln jedenfalls bewegt gar nichts, hat liebestötende Wirkung und konserviert die Misere.

Peter ihr bei der Hausarbeit helfen möge. Nur wird das Ausmaß von Peters Engagement auch davon abhängen, ob an anderer Stelle Maike diejenige ist, die Peters Wünschen entgegenkommt. Partnerschaft zwischen Mann und Frau hat nun mal sehr viel mehr Ähnlichkeit mit einem Handelsabkommen, als hoffnungslose Romantiker das glauben möchten.

Weiterhin wird Peters Bereitschaft, sich zu Hause zu engagieren, auch davon abhängen, ob Maike ihm dabei seinen eigenen Stil zugesteht, oder ob sie alles, was Peter anfasst, nachträglich korrigiert und damit abwertet.

Ohne Frage: Wenn Elli sich gehorsame Kinder wünscht, dann ist das allzu verständlich.

Nur ist Gehorsam keine Tugend, die Kinder ganz für sich allein im luftleeren Raum entwickeln, die vielmehr Folge davon ist, Leute um sich zu haben, die einem bereitwillig und interessiert zu-hören. Manchem unerhörten Benehmen liegt ein un-erhörtes Anliegen zugrunde, sagt Friedeman Schulz von Thun.

Und wenn Hilde sich wünscht, ihr Freund möge mehr mit ihr reden?

Auch dann wird, sofern besagter Freund grundsätzlich zu einer Veränderung bereit ist, Hilde dazu einen Beitrag leisten müssen. Mindestens eine »Lücke« müsste sie ihm einräumen (und das kostet mancher Quasselstrippe echte Anstrengung). Wer reden soll, muss im Übrigen spüren können, dass sein Beitrag für den Zuhörer von Bedeutung ist. Und wer reden soll, darf seine Worte nicht erst lange filtern müssen, aus Angst vor der Zensur.

Kurz: Wenn einer sich wünscht, daß der andere sich ändern möge, dann hat er prima Chancen, solange es ihm gelingt, sein Anliegen als Wunsch, nicht als Vorwurf zu formulieren, und solange er bereit ist, seinen Teil zu dieser Veränderung beizutragen.

Nörgeln jedenfalls bewegt gar nichts, hat liebestötende Wirkung und konserviert die Misere.

Liebestöter Nr. 10

»Windbestäubung wär mir lieber!« – Wenn Sex zum notwendigen Übel wird

10.1 Variationen zum Thema

Variation Nr. 1

»Es ist wie verhext«, erzählt Elke, »bevor Jochen und ich verheiratet waren, reichte es aus, im gleichen Raum zu sein, schon standen wir ›unter Strom‹! Und je kleiner die Chance einer ›Entladung‹, umso stärker die Spannung. Damals wohnten wir beide noch bei unseren Eltern; wir hatten wenig Zeit und Raum für uns allein.

Aber wehe, die Eltern begaben sich zwecks Einkauf oder Spaziergang außer Haus, dann gab's für Jochen und mich kein Halten mehr. Damals malten wir uns aus, dass eine eigene Wohnung das absolute Paradies sein müsste; wir glaubten, unser Bett sicher derart selten zu verlassen, dass ein Abbruch unseres Studiums unvermeidbar sein würde.

Die Wohnung haben wir längst, aber keiner von uns hat sein Studium an den Nagel hängen müssen. Auf unerklärliche Weise hat sich mit unserem Umzug auch unsere Lust verzogen, und langsam wird das zu einem Problem, das uns schwer zu schaffen macht.«

Variation Nr. 2

Frau Wedekind hatte jahrelang behauptet, Sex sei für sie in etwa so wichtig wie ein Fahrrad für ihre Fische. Leider war ihr Mann partout nicht bereit, diese Meinung zu teilen, weshalb er zu allen möglichen und unmöglichen Gelegenheiten versuchte, sich ihr zu nähern. Und hin und wieder ließ sie es dann halt geschehen.

Nach ihrer Rückkehr aus einer achtwöchigen Kur (Frau Wedekind litt seit Jahren an Neurodermitis und starkem Übergewicht) war sie, wie sie selber sagte, vor allem lockerer geworden.

Einzel- und Gruppengespräche, Tanz- und Maltherapie sowie eine deutliche Gewichtsabnahme hatten dazu beigetragen, dass Frau Wedekind sich in ihrem Körper zunehmend wohler fühlte.

Sexuelle Bedürfnisse, die Frau Wedekind vor ihrer Kur am liebsten als abgeschlossenes Kapitel betrachtet hätte, waren wach wie nie zuvor. Ihr Mann war begeistert. Hatte er das Unternehmen Kur zunächst für überflüssig gehalten, sprach er jetzt mit Hochachtung von den Ärzten und Therapeuten.

Einige Wochen später setzte dann allerdings eine Entwicklung ein, die Wedekinds dazu brachten, Beratung zu suchen. Der allzeit bereite Herr Wedekind war von Woche zu Woche zurückhaltender geworden, ging abends häufig lange vor seiner Frau zu Bett oder hatte, wenn seine Frau sich dorthin begab, noch Dringendes zu erledigen (was den gleichen Effekt erzielte). Frau Wedekind war total verunsichert; sie schwankte zwischen dem Verdacht, ihr Mann habe während ihrer Abwesenheit eine Affäre begonnen, und dem Gedanken, sie sei nicht mehr attraktiv für ihn. Beide Möglichkeiten wies Herr Wedekind von sich, fand aber für die zunehmende Funkstille in seinen erogenen Zonen auch keinerlei andere Erklärung.

10.2 Wenn Sex zum notwendigen Übel wird

John Harvey Kellog hätte seine helle Freude bei einem Blick durchs Schlüsselloch heutiger Schlafzimmer. Immerhin war es vor mehr als einhundert Jahren sein Herzensanliegen, der Aufreizung der Sinne, angestachelt durch den Genuss von Fleisch und Alkohol, entschieden entgegenzuwirken. Und just zu diesem Zweck erfand der eifrige Sektenanhänger aus den USA eine reizarme Naturkost aus Wasser und Getreidegranulat, ganz recht, die Kellog's Cornflakes. Wie dem auch sei, ob nun durch, trotz oder unabhängig vom Genuss dieser Cerealien (so heißen die Lustkiller ja neuerdings), John Harvey könnte sich, sofern er noch lebte, beruhigt zurücklehnen. Denn in heutigen Schlafzimmern ist es ruhig geworden.

Die Ratschläge eines Yves von Chartres, der den Leuten seinerzeit riet: »Enthaltet euch donnerstags zur Erinnerung an Jesu Gefangennahme; enthaltet euch freitags zur Erinnerung an Jesu Sterben; enthaltet euch samstags zur Erinnerung an die Jungfrau Maria; enthaltet euch sonntags zur Erinnerung an die Auferstehung; enthaltet euch montags aus Respekt vor den Verstorbenen!«, diese Ratschläge sind offensichtlich auf breite Resonanz gestoßen, wenngleich die Gründe heute sicher nicht mehr religiöser Natur sind.

»Viele Studien über das Sexualverhalten in der westlichen Industriegesellschaft zeigen einhellig ein eher karges Sexualleben zwischen Männern und Frauen, und zwar von Helsinki bis San Francisco, von Marseille bis Inverness«, sagt Gunter Schmidt, Professor für Sexualwissenschaft in Hamburg in seinem Buch *Das Verschwinden der Sexualmoral.*

Schmidt, Leiter der Abteilung für Sexualforschung an der Psychiatrischen Klinik der Uni Hamburg, berichtet, dass die Beschwerden über sexuelle Lustlosigkeit massiv zugenommen hätten. Klagten Mitte der siebziger Jahre nur 10 % seiner Patientinnen über sexuelle Unlust, sei die Zahl heute auf 60 % angestiegen.

Und die Gründe?

»Sex hat keinen Feind mehr«, meint Schmidt, »und das scheint ihn schwächlich zu machen.«

Da fallen mir Elke und Jochen ein. Als sie endlich konnten, wie sie wollten, wollten sie plötzlich nicht mehr.

Sex hat keinen Feind mehr – weder zur Rechten noch zur Linken! Jahrhundertelang standen Geist und Fleisch in krassem Gegensatz. So war laut Kirchenvater Augustinus das Kinderkriegen zwar schicklich, ging aber leider einher mit dem Geschlechtsverkehr, dessen man sich schämen musste. Und ein prägender Theologe der gleichen Zeit sprach davon, dass der Heilige Geist beim Geschlechtsverkehr das Schlafzimmer verlasse. Wir amüsieren uns, wenn wir in alten Berichten lesen, dass es noch vor hundert Jahren höchst unschicklich gewesen wäre, eine Dame bei Tisch zu fragen, ob man ihr einen Hühnerschenkel reichen dürfe. Denn peinlich genau wurden all die Worte vermieden, die auch nur im Entferntesten an Körperliches und Geschlechtliches erinnerten. Bein zu zeigen galt in dieser Zeit, in der mit Hilfe sogenannter Krinolinen selbst Klavierbeine verkleidet wurden, geradezu als pervers.

Ein Glück, dass so viel Prüderie ein Ende hat. Heute ist davon nichts mehr zu spüren. Heute gilt: Erlaubt ist, was gefällt, nackte Haut, wohin man schaut. Kaum ein Produkt, das nicht in irgendeiner Form erotisiert wird, um unsere Kauflust anzuregen, ob es dabei nun um Instant-Kaffee, Knusperjogurt oder ein neues Automodell geht. Sex als intime Privatsache scheint out wie panierte Schnitzel.

Talk für Talk drängt es jede Menge Zeitgenossen dazu, sich zu outen und einer großen Fernsehgemeinde Perversionen zu beschreiben, als handle es sich um die Weitergabe von Kochrezepten. Wer sich bis zum Orgasmus stranguliert, schreibt darüber Bücher und darf es uns nach dem Mittagessen in epischer Breite schildern, (sofern wir nicht abschalten). Empfand man eine Praxis wie diese vor zehn Jahren noch als Problem, mit dem man zum Therapeuten ging, sorgen sich heute eher solche Klienten um ihre Normalität, die den Drang dazu nicht verspüren. Es gibt in unserer Zeit kaum noch sexuelle Tabus. Die lästige Scham scheint sich tatsächlich verzogen zu haben. Doch wie es so aussieht, hat sie die Lust gleich mitgenommen. Die totale Sexualisierung scheint nämlich absolut nicht das zu bewirken, was die Moralisten befürchteten, sondern das glatte Gegenteil.

»Die Austreibung des Begehrens durch seine übertriebene Inszenierung ist sehr viel wirksamer als die gute alte Unterdrückung durch Verbote«, behauptet Jean Baudrillard in seinem Aufsatz *Die Transparenz des Bösen.* Und es sieht ganz so aus, als habe er Recht. Es ist verrückt, aber all die John Harveys unserer Tage, denen das Begehren im Tiefsten ihres Herzens immer noch ein Gräuel ist, müssten demnach jeden Sexfilm zu schätzen wissen und jede Plakatwand begrüßen, auf der eine äußerst offenherzige Dame, deren Blusenknöpfe offenbar nicht schließbar sind, einem jungen Mann eine Zigarette anbietet.

Die Lust nimmt nicht zu, sondern ab. Und das liegt – ein zweiter Punkt – sicherlich auch daran, dass ganz normale Phasen von Lustlosigkeit allzu schnell problematisiert werden.

Alfred Adler, der Begründer der Individualpsychologie, prägte den denkwürdigen Satz: »Erhebst du ein Problem zum Problem, kriegst du ein Problem.« Befürchtest du bei einem Schnupfen gleich den Zusammenbruch deines gesamten Immunsystems, bist du auf dem sichersten Weg, deinem Schnupfen ein enorm langes Leben zu ermöglichen.

Zurück zu unserem Thema! Das Ideal der romantischen Liebe suggeriert uns die Möglichkeit permanenter sexueller Leidenschaft, zumindest dann, wenn neurotische Hemmungen und zerstörerische Paarmechanismen beseitigt sind.

Und die Folge?

Jede Phase von Unlust wird allzu leicht problematisiert, psychologisiert und als Alarmsignal gewertet.

Schade!

Was ist das für ein Irrsinn, den ganz normalen Wechsel zwischen Sehnsucht nach Nähe und Sehnsucht nach Distanz plötzlich zu problematisieren?

Dieser Wechsel ist und bleibt fester Bestandteil fester Beziehungen. »Und wenn es gut geht«, sagt Sexualwissenschaftler G. Schmidt, »wechseln sich in einer festen Beziehung (längere) Phasen sexueller Langeweile mit (kürzeren) Phasen erotischer Anziehung und sexueller Lust ab. Nur lässt die Beunruhigung über die Langeweile einen solchen Wechsel erst gar nicht mehr entstehen.« Demnach ist große sexuelle Unlust oftmals nichts weiter als kleine Unlust, die dramatisiert wurde.

Kurzum: Der Mangel an Lust ist sicher nicht nur, aber selbstverständlich auch im Zusammenhang mit allgemeinen, gesellschaftlichen Trends zu sehen.

Und jetzt?

Jetzt ärgere ich Sie und sage: Das ist noch lange kein Grund, sich achselzuckend zu ergeben. Gesellschaftliche Trends hin, gesellschaftliche Trends her, die letzte Verantwortung für Ihr Sexualleben liegt trotzdem bei Ihnen. Anders gesagt: Jeder hat das Sexualleben, das er will. (Zumindest ist ihm der Preis, den eine Veränderung kosten würde, zu hoch.)

Unverschämte Behauptung?

Ihnen wäre eigentlich sehr wohl nach einer Auffrischung zumute?

In Ordnung! Dann finden Sie heraus, worin in Ihrem ganz speziellen Fall der Preis für diese Auffrischung bestehen könnte. Ich weiß das nämlich wirklich nicht. Ich kann Ihnen auf Grund von Erfahrungen aus der Beratung und aus meiner eigenen Geschichte höchstens Gedankenanstöße liefern, aus denen Sie aussortieren können, was für Sie und Ihre(n) Partner(in) von Bedeutung ist und was nicht.

Hier meine Liste von Anstößen zum eigenen Nachdenken:

Der Preis für gelingende sexuelle Beziehungen besteht für viele Leute darin, einmal in aller Ruhe ihr Vorverständnis von Sexualität unter die Lupe zu nehmen, und zu überlegen:

Was habe ich z.B. in meinem Elternhaus über dieses Thema erfahren?
War Körperkontakt etwas Normales?
Wie standen Vater und Mutter zueinander?
Tauschten sie Zärtlichkeiten aus?
Wie sprach man über Sex?
Wie schwieg man darüber?
Welche Filme durfte man sehen?
Welche nicht?
Wie wurde von *den* Männern und *den* Frauen gesprochen?
Und schließlich:
Welche Konsequenzen habe ich aus alledem gezogen?

Hannah, eine junge Frau von 25 Jahren, war bereits acht Monate mit Sven verheiratet, als sie das erste Mal mit ihm schlief.

Hannah erzählte: »Die Hauptbotschaft in Sachen Sex habe ich dem Schweigen meiner Eltern zu diesem Thema entnommen. Das ging so weit, dass Vater sogar das Wort ›schwanger‹ unterschlug, wenn er aus der Bibel vorlas.

Ich kann mich an keinen innigen Kuss zwischen meinen Eltern erinnern; ich hätte der Vorstellung, per Windbestäubung entstanden zu sein, eher geglaubt, als der Vorstellung, dass Vater zu diesem Zweck seinen Penis in Mutters Scheide einführen musste.

Mit sechs Jahren durfte ich mir ohne weiteres Indianerfilme ansehen, aber Filme mit Liebesszenen waren streng verboten. Und sobald sich in einem vermeintlich harmlosen Film überraschend eine Situation von Annäherung anbahnte, drückte Vater auf den

Aus-Knopf und sagte: ›So einen Quatsch gucken wir nicht – keine Diskussion!‹

Für mich stand fest, dass Sex etwas Schlechtes sein müsse. Und weil ich das Kind war, das sich im Übermaß anpasste, hinterfragte ich diese Sicht lange Zeit in keiner Weise.

Wundert es da, dass ich dicht gemacht habe, sobald Sven sich mir näherte?

Ich musste erst einmal Altlasten aus meinem Kopf entfernen. Im Klartext, ich musste ganz allmählich begreifen, dass Gott, den meine Eltern durch ihre Ignoranz bezüglich Sexualität besonders zu erfreuen glaubten, Schöpfer dieser Sexualität ist, und dass es nahezu an Blasphemie grenzt zu glauben, man ehre den Schöpfer, wenn man sein Geschöpf aufteilt in akzeptable und nicht akzeptable Anteile.«

Hannah hat lange gebraucht, ihre »Altlasten« loszuwerden, aber schließlich ist es gelungen. Und wenn man Sven und Hannah heute begegnet, kann man sich ihre Startschwierigkeiten kaum noch vorstellen.

Der Preis für gelingende sexuelle Beziehung besteht für manche darin, sich therapeutisch oder seelsorgerlich Hilfe zu suchen, um Erlebnisse erzwungener sexueller Erfahrungen zu verarbeiten.

Selbst vorsichtige Fachleute sprechen von 80 000 Kindern unter vierzehn Jahren, die in einem Jahr (1990) Opfer sexueller Delikte wurden. Viele von ihnen werden die Bilder und Gefühle jahrzehntelang nicht los, und manche erleben jede noch so liebevolle intime Berührung durch ihren Partner immer noch als Anklang an ihre Missbrauchserfahrung, was beiden Partnern schwer zu schaffen machen kann. Das alles ist schlimm, ohne Frage! Aber es verdammt Gott sei Dank nicht dazu, sexuelle Begegnungen niemals mehr genießen zu können.

Wer Missbrauchserlebnisse nicht in sich vergräbt, sondern

ausspricht, wer sich endlich traut, empört zu sein über das, was ihm bzw. ihr als Kind damit angetan worden ist, der hat gute Chancen auf Heilung.

Sex gelingt im Kopf – oder er gelingt überhaupt nicht.

Das heißt, Lust zu haben ist nie und nimmer die logische Folge intakter Genitalien, sondern Folge einer unverkrampften Einstellung zum Partner, zu sich selbst und zur Sexualität. Und in manchen Fällen müssen dazu erst einmal negative sexuelle Vorerfahrungen überwunden werden.

Bei manchen Leuten besteht der Preis für mehr Lust darin, dass sie lernen, zu ihrer Anatomie zu stehen.

Was mich betrifft, ich war die längste Zeit meines Lebens zu kurz für mein Gewicht. Und wäre dieses Buch nicht ein höchst seriöses, ich würde Ihnen mit Sicherheit verraten, dass diverse Schwangerschaften meinen Bauch ein bisschen wie den eines Streifenhörnchens aussehen lassen.

Es ist, wie es ist. Schon mit achtzehn war ich nicht gerade makellos. Dass ich das durchgehend locker genommen hätte, wäre glatt gelogen. Aber was ich bereits im jugendlichen Alter von vierzig begriffen habe: Nicht der Streifenbauch behindert den Genuss, sondern dass ich *denke*, er behindere ihn.

Nicht der zu kleine oder zu große Busen verhindert eine positive sexuelle Beziehung, sondern dass ich *denke*, er behindert sie.

Nicht der zu kleine oder zu große Penis behindert den Genuss, sondern dass ich *denke*, er behindere ihn.

Tatsächlich, der pure Gedanke reicht aus, um zu erleben, was ich befürchte.

Was nämlich passiert?

Ich *denke* mich unzumutbar, folglich *fühle* ich mich unwohl, je näher mein Partner mir rückt. Ich bin peinlich berührt, wenn er mich streichelt und dabei Zonen erreicht, die ich für unansehnlich

PHILIPP

halte und am liebsten versteckt hielte. Ich beobachte, kontrolliere, verkrampfe mich. Nicht gerade spaßig, das Ganze! Eine Wiederholung dieser Tortur darf durchaus lange auf sich warten lassen.

»Bring dich in Form!«, so heißt der moralische Imperativ unserer Tage. Übergewicht und Unsportlichkeit sind die moralischen Verfehlungen des ausgehenden Jahrhunderts. (Achten Sie mal drauf! Das Wort »sündigen« z.B. verwenden viele Leute heutzutage nur noch im Zusammenhang mit Chips und Schokolade.) Ganz einfach ist es nicht, sich diesem Attraktivitätsterror zu entziehen.

Was uns zu denken geben sollte, ist dieses: Es gibt so viele genormte, hübsche, makellose Schönheiten, die so viele Probleme mit Sex haben (denn je mehr sich jemand über sein Aussehen definiert, umso größer die Selbstaufmerksamkeit und umso niedriger die Schwelle zur Unzufriedenheit, sobald man vom Ideal abweicht), und es gibt jede Menge mittelmäßiger Leute, die jedoch ihren eigenen Körper und den ihres Partners akzeptieren, die gelernt haben, ihre »Mängelliste« mit Humor zu nehmen, und die beglückende Sexualität erleben.

Dass man trotzdem hin und wieder eine Fastenwoche einlegen kann, um sich wohl zu fühlen im eigenen Körper, ist dabei keineswegs ausgeschlossen.

Der Preis für mehr Lust wird für manche Leute auch darin bestehen, sich nicht mehr mit anderen zu vergleichen.

Von der Prüderie des letzten Jahrhunderts ist bei uns nichts mehr zu merken. Sex-Darstellungen und harte Pornographie werden gedruckt oder gefilmt an jedem Kiosk gehandelt. Will man eine Postkarte kaufen, glotzt einen unversehens das Abbild eines weiblichen Geschlechtsteils entgegen. Das ist, wie es ist. Schimpfen nützt wenig. Öffentliche Proteste steigern das öffentliche Interesse, das kennen wir doch.

Die Hersteller all dieser ans Licht gezerrten Intimität hätten sich längst auf die Produktion von Hühnerfutter verlegt, fänden sich für ihre Produkte nicht derart viele Käufer.

Wie gesagt, dieser Markt ist viel zu lukrativ, als dass wir ihn beseitigen könnten. Entfernen wir uns lieber von diesem Markt! Ansonsten sammeln wir wohl oder übel Bilder in unserem Kopf, die hartnäckig zum Vergleich mit unserer realen Situation animieren. Und dann kann es passieren, dass uns auf dem Hintergrund von perfekt inszeniertem Hochleistungssex und multiplen Orgasmen unsere eigene Lust plötzlich grau und klein erscheint.

Welche total überzogenen Erwartungen werden geschürt, wenn grenzenlose Ekstase zur Norm bei jedem Geschlechtsverkehr erhoben wird, und wie nah liegt die Enttäuschung, wenn in der Realität das Klingeln des Telefons ausreicht, um uns auf der Stelle zu ernüchtern. Viele Leute wären sehr viel zufriedener mit ihren sexuellen Erlebnissen (und hätten dementsprechend auch mehr Lust dazu), wenn sie die ständige Orientierung am Sexleben anderer außen vor ließen.

Manche brauchten, um mehr Lust zu erleben, ein Sachbuch, das gut verständlich über körperliche Zusammenhänge informiert.

Andere täten gut daran zu lernen, ihre sexuellen Wünsche und Vorbehalte zu äußern.

Was für ein Paradox, sich einerseits einen Partner zu wünschen, der nicht schon zig andere Frauen hatte, und gleichzeitig zu hoffen, er möge über die Erfahrung eines Don Juan verfügen, dem man gar nicht mehr sagen muss, wobei man sich wohl fühlt!

Wieder andere werden sich wohl oder übel erst einmal um schwelende Konflikte in ihrer Partnerschaft kümmern müssen, bevor sie erwarten können, Lust aufeinander zu spüren.

Sex, wie gesagt, gelingt im Kopf oder er gelingt überhaupt nicht. Und solange meine Einstellung zu meinem Partner blockiert ist, werde ich kaum erleben, dass meine Genitalien das Gegenteil signalisieren.

Der Preis für mehr Lust wird für viele Zeitgenossen darin bestehen, ihre Prioritäten neu zu überdenken.

Eine Achtzig-Stunden-Arbeitswoche lässt wenig Spiel-Räume. Allzu viele gemeindliche Aktivitäten erzielen übrigens denselben Effekt.

Und manche sollten, um mehr Lust als Frust zu erleben, nur den Stress aus ihrem Schlafzimmer verbannen.

- Den Stress, zu glauben, dass ein normales Paar so und so oft Sex miteinander haben müsste,
- den Stress, Sex immer auf die gleiche Weise erleben zu müssen, oder zwanghaft auf immer neue Art und Weise,
- den Stress, unbedingt zeitgleich am Höhepunkt ankommen zu wollen,
- den Stress, diesen Höhepunkt ausnahmslos durch Glied-Scheide-Verkehr erreichen zu wollen, als wäre es Sex II. Wahl, wenn ein Orgasmus durch gegenseitige manuelle Befriedigung erfolgt,
- den Stress, pausenlos darauf bedacht zu sein, den Partner zufrieden stellen zu müssen.

Sex ist nun mal kein karitatives Handeln, bei dem es vorrangig um uneigennütziges Schenken geht, vielmehr hat mein Partner auch Lust an meiner Lust.

Und last but not least haben all die Leute Aussicht auf mehr Lust, die nicht jede Phase von Unlust gleich tiefenpsychologisch zu ergründen suchen und somit problematisieren.

So, das soll ausreichen. Zum Glück hatte ich Ihnen weder Patentrezepte noch eine umfassende Arbeit, sondern Gedankenanstöße in Aussicht gestellt.

Aber eins muss ich noch loswerden: Unlust wird landläufig als spezifisch weibliches Dilemma betrachtet. Und tatsächlich sind drei von vier Personen, die deshalb Beratung aufsuchen, Frauen. Diese Zahl täuscht aber, meint Gunter Schmidt. In Wirklichkeit gibt es selten nur eine Lustlose oder einen Lustlosen innerhalb einer Partnerschaft. Allerdings würde es häufig nur eine(r) von beiden merken. Oft spürt die Frau die Langeweile und übernimmt sie sozusagen für beide; ergo kann der Mann sie verleugnen. (Ein Vorgehen, bei dem übrigens beide profitieren. Solange die Frau sich verweigert, kann der Mann erobern und verführen. Er bleibt davon verschont, die Grenzen seiner Potenz zu spüren, und kann sein Verlangen weiterhin mächtig erleben. Im Grunde wirkt ihre Verweigerung auf ihn wie ein Aphrodisiakum, und die Frau selber sichert sich mit ihrer Verweigerung das Gefühl, ständig geschätzt und begehrt zu werden, ein Gefühl, das sie aus sich heraus oftmals nicht hat.)

Wenn Sie sich jetzt übrigens noch einmal die Situation von Herrn und Frau Wedekind ins Gedächtnis rufen – auf diesem Hintergrund wird sie durchaus nachvollziehbar.

Kurzum: Der Mangel an Lust und sexueller Aktivität innerhalb einer Partnerschaft ist in den seltensten Fällen das Problem eines Einzelnen. Und wenn zwei Leuten daran liegt, diesen Mangel zu beheben, dann tun sie gut daran, den Preis dafür herauszufinden, zu zahlen und sich *beide* sowohl als Teil des Problems als auch als Teil der Lösung zu sehen.

Liebestöter Nr. 11

»Davon hast du mir noch nie etwas gesagt!« – Wenn das Zuhören auf der Strecke bleibt

11.1 Variationen zum Thema

Variation Nr. 1

Wenn Ulli Feierabend hat, liegt in der Regel ein Tag mit vielen Kundenbesuchen, einer Menge Telefonate und etlichen Gesprächen mit Kollegen hinter ihm. Und deshalb freut Ulli sich am Abend auf ein ruhiges Kontrastprogramm.

Wenn Silke, Ullis Frau, seit fünf Monaten in Baby-»Pause«, Feierabend hat, dann freut sie sich vor allem auf Ulli. Haushalt und Baby haben sie tagsüber derartig auf Trab gehalten, dass Silke nicht mal dazu kam, mit einer Freundin zu telefonieren.

Jetzt endlich schläft das Baby.

Ulli ist soeben nach Hause gekommen und Silke kann endlich mit einem erwachsenen Menschen reden – darüber, ...

... dass Tobias sich heute das allererste Mal ohne ihre Hilfe vom Bauch auf den Rücken gedreht hat,

... dass sie sich echte Sorgen macht, weil irgendein mieser Erpresser schon wieder damit gedroht hat, Kindernahrung zu vergiften,

... dass die Stromrechnung gekommen ist und ihr unverhältnismäßig hoch vorkommt,

... dass Ulli den Mülleimer unbedingt früher an die Straße stellen muss; denn heute ist es zu spät gewesen und jetzt soll Ulli ihr mal verraten, wohin mit den ganzen Schmutzwindeln,

... dass der Finanzminister zurückgetreten ist,

... und dass Ulli auf keinen Fall vergessen darf, seine Schwester anzurufen, um ihr zum bestandenen Examen zu gratulieren.

Und Ulli?

Er lässt seine Frau reden und reden, leiht (!) ihr, wenn's hoch kommt, ein halbes Ohr, steuert treffsichere Kommentare in Form von »Ja«, »Och«, »Mal sehn«, »Wird schon wieder«, »Muss er selber wissen« oder »Mach ich morgen« bei, und wünscht sich nichts sehnlicher als einen Knopf, mit dem er Silkes Redeschwall stoppen könnte.

Und Silke?

Die ärgert sich über das »halbe Ohr« und legt, als könne sie sich damit die andere Hälfte desselben erzwingen, mit dem Reden noch einmal kräftig zu. Schließlich entdeckt Ulli die neue ADAC-Zeitung, zieht sich damit geschlagene dreißig Minuten aufs WC zurück, und liefert Silke erneut den Beweis, dass für ihren Mann alles auf dieser Welt wichtiger und interessanter ist als seine Frau.

Variation Nr. 2

Dass Zuhören nicht Rainers Ding war, das hatte Steffi schon lange gemerkt und oft genug bitter beklagt. Aber kürzlich gab es eine Situation die dem Fass den Boden ausschlug, und Steffi einmal mehr dazu veranlasste, ihre Beziehung zu Rainer in Frage zu stellen.

Annette, eine Cousine, hatte angerufen, um Steffi und Rainer zu einem großen Familientreffen einzuladen. Rainer, der am Apparat war, bedankte sich überschwänglich, redete noch eine Weile über dieses und jenes und über die Wichtigkeit von familiärem Zusammenhalt, um das Gespräch schließlich mit einem »herzlichen Gruß an den lieben Richard« zu beenden. In diesem Moment stockte Steffi, die vom Nebenraum aus zugehört hatte, der Atem;

denn der Mann von Annette hieß seit zwei Jahren Adrian, und Richard, Annettes Ex-Mann, war längst anderweitig liiert.

Genau das aber hatte Rainer, als Steffi es ihm damals erzählte, wohl irgendwie nicht mitbekommen.

Peinlich, peinlich!

Rainer hörte einfach nicht richtig zu, und das trieb Steffi von Tag zu Tag mehr zur Weißglut.

11.2 Wenn das Zuhören auf der Strecke bleibt

Vorab dieses: Im Großen und Ganzen bin ich ein recht ausgeglichenes Wesen; d.h. extreme Gefühlsschwankungen, egal, nach welcher Seite, bedürfen in meinem Fall schon extremer Auslöser. (Ich sag nur »Neun«, dann wissen Enneagramm-Kenner Bescheid.)

Aber es gibt Ausnahmen: Musik von Jim Croce aus dem Kopfhörer zum Beispiel oder Livemusik auf Kleinkunstbühnen, Sprache, die man »anfassen« kann, Worte, die jemand findet und mit denen er mühelos auf den Punkt bringt, was in meinem eigenen Kopf unsortiert herumschwirrt ... das lässt meine Wohltemperiertheit überraschend schnell verfliegen. Was mich aber noch weitaus mehr begeistert – und das mag Sie in diesem Zusammenhang überraschen –, sind Leute, die zuhören können, bei denen nicht nur das Trommelfell ins Schwingen gerät, die vielmehr *ganz Ohr sind*, mit Körper, Seele und Verstand. Solche, die zuhören und Fragen stellen, und am Ende hat man das Gefühl, sie hätten einem Wesentliches vermittelt. Solche, bei denen man sich rundum willkommen fühlt und Dinge äußert, die auszusprechen man gar nicht geplant hatte.

Ich scheine in dieser Hinsicht durchaus keine Ausnahme zu sein.

ICH HAB'S DOCH GEAHNT...
TAGESZEITUNG
PHILIPP

Jemanden finden zu wollen, der ganz Ohr ist, das gilt als häufigste Begründung von Leuten, die Seelsorge, Beratung oder Therapie aufsuchen. Selbst dann also, wenn eine(r) fachlich fundierte Begleitung in Anspruch nimmt, steckt dahinter nicht in erster Linie der Wunsch nach perfekten Handlungsanweisungen, sondern der Wunsch nach einem aufmerksamen Zuhörer.

Leute mit offenen Ohren sind zweifellos Raritäten in unserer Zeit. Wir schenken uns bereitwillig alles Mögliche, aber wir schenken einander selten Gehör.

Paul Tournier, Theologe und Psychotherapeut, hat gesagt: »Wo Menschen des 20. Jahrhunderts miteinander reden, entsteht oftmals der Eindruck, es handle sich um ein Treffen Gehörloser.«

»Gar nicht kalt heute«, hörte ich kürzlich eine Kundin zu einer Kassiererin sagen. Und deren Antwort? »Ja, genau! Es wird wieder Winter, das hab ich heute Morgen schon zu meinem Mann gesagt.«

»... als handle es sich um ein Treffen Gehörloser!«

»Wie geht's bei euch?«, höre ich eine Frau die andere fragen. »Gut, ja doch, sehr gut sogar«, kriegt sie zur Antwort und erwidert: »Ach, ich sag mal, so ist das eben. Bei uns gibt's auch immer wieder neue Probleme!«

»... als handle es sich um ein Treffen Gehörloser!«

In beiden Fällen hatte ich nicht den Eindruck, die Damen hätten »was mit den Ohren«. Sie hörten durchaus. Aber sie hörten nicht zu.

Es kam ihnen vor allem darauf an loszuwerden, was sie selber dachten, statt zuzuhören und auf das Gehörte einzugehen. Ihre Antworten verrieten, dass sie die Worte ihres Gegenübers lediglich wie ein Startzeichen nutzten, um endlich die eigene Meinung zum Besten geben zu können. Alles in allem: Begegnung findet auf diesem Weg ganz sicher nicht statt. Und mag das zwischen Kundin und Kassiererin verkraftbar sein, in der Beziehung zu Ehepartnern, Freunden, Eltern oder Kindern führen solche Art Hörprobleme auf

Dauer zum Zerbruch, zumindest aber zu völligem Nebeneinanderherleben.

Ob ich ein bisschen schwarz male? Kaum!

Gelingende Beziehung lebt davon, dass die Beteiligten aneinander interessiert bleiben, und dazu braucht es das gegenseitige Zuhören. Wer »ganz Ohr« für mich ist, drückt wortlos aus: Ich interessiere mich für dich! Du bist es mir wert, dass ich mein vertrautes Denksystem verlasse, um mich in dich hineinzuversetzen. Mich interessiert, was dich beschäftigt, was dich freut und was dich bedrückt. An alledem will ich teilhaben – wenn du es magst.«

Ganz ehrlich! Nennen Sie mir irgendetwas, wonach Menschen sich stärker sehnen als nach solch liebevoller Anteilnahme!

In einem der vorherigen Kapitel ging es um Komplimente, hörbare Wertschätzung, Lebens- und Liebeselixier! Aber das Kompliment, das uns am allermeisten anrührt und dessen Ausbleiben uns am allermeisten schmerzt, das besteht nicht aus Worten, die man uns sagt, sondern aus dem Gehör, das man uns schenkt. (»Die meisten Affären beginnen ja auch keineswegs mit einer heißen Orgie, sondern mit einem hörenden Ohr«, sagt Harry Müller in seinem Buch *Beziehungen bauen Brücken*.)

Wer es sich also leistet, seinem Partner selten, gar nicht oder nur mit halbem Ohr zuzuhören, der muss wissen, dass er sich damit keine kleine, verzeihliche Nachlässigkeit erlaubt, sondern ein Verhalten, das bei seinem Partner Mangelzustände erzeugt, Retourkutschen im Gefolge hat – und langfristig nicht ohne liebestötende Wirkung bleibt.

Und jetzt?

Angenommen, man wirft Ihnen des Öfteren »Hörprobleme« vor. Was bringen Sie zu Ihrer Verteidigung vor? Dass Sie manchmal ja auch gar nicht zuhören *wollen*, weil Sie gerade lesen, Ihren eigenen Gedanken nachhängen möchten oder schrecklich k.o. sind? Dass Ihre Aufnahmekapazität in manchen Situationen einfach erschöpft ist? Dass Sie nach einem vollen Arbeitstag in der Firma erstmal eine halbe Stunde Funkstille benötigen, bevor Sie die Ohren wieder frei haben für all das, was Ihre Frau zu berichten hat?

Ja, warum sagen Sie dies Ihrer Frau denn nicht, *bevor* die jeden Tag aufs Neue loslegt, kaum dass Sie Hut und Mantel an den Haken gehängt haben?

Weil Sie nicht unhöflich sein wollen? Weil Sie es prinzipiell ja durchaus wichtig finden, dass Ehepartner einander zuhören? Wunderbar! Aber gerade dann, wenn Sie sich die Fähigkeit zuzuhören erhalten wollen, ist es unerlässlich, klar zu sagen, wann Sie *nicht* zuhören wollen oder können. Das ewig offene Ohr ist eine Illusion!

Gerade dann, wenn Sie sich die Fähigkeit zuzuhören erhalten wollen, ist es unerlässlich, Ihr Gegenüber nur dann zum Reden zu ermutigen, wenn Ihre Bereitschaft zuzuhören auch wirklich vorhanden ist.

Eine Einladung auszusprechen, wenn das Haus voll ist, ist eine Farce (und gemein obendrein). Jemanden reden und reden zu lassen, obwohl die eigene Aufnahmefähigkeit längst erschöpft ist, ist nicht minder übel. Ich habe das persönlich nur recht mühsam begriffen. Die Mutter mit dem ewig offenen Ohr gehörte immerhin zu meinen höchsten Idealen. Beim Kochen, Putzen, Lesen und Telefonieren – immer noch ein Ohr für die Kinder zu haben, das schien mir sehr erstrebenswert. Und es hat lange gedauert, bis ich merkte: Im Grunde kann, wer für alles ein Ohr hat, an keiner Stelle »ganz Ohr sein«.

»Du, im Moment möchte ich mal in Ruhe telefonieren, zehn Minuten nichts sehen und hören, eine halbe Stunde ungestört lesen etc., und dann hör ich dir mit beiden Ohren zu!«

Das ist etwas, was Kinder und Erwachsene gleichermaßen akzeptieren und gut finden, wenn wir ihnen diesen Freiraum ebenfalls zugestehen. Unsere Aufnahmefähigkeit ist begrenzt. Wer das zu ignorieren versucht und glaubt, seinen Leuten zur Zeit und zur Unzeit ein offenes Ohr präsentieren zu müssen, wird zwangsläufig das, was er so dringend zu vermeiden sucht: ein miserabler Zuhörer.

In Wirklichkeit verdient unser Bedürfnis nach Funkstille ebenso Beachtung wie unser Bedürfnis zu reden und gehört zu werden. Und wer, um beidem Rechnung zu tragen, darüber klare Absprachen mit seinen Lieben trifft, ist allemal gut beraten.

Zuhören ist eine Form der Zuwendung, ohne Frage! Und wenn der, der zuhört, sich dabei nicht nur gedanklich, sondern auch körperlich zuwendet, tut das dem Sprecher doppelt gut.

Jemand hat gesagt: Ein Blick, der uns einen halb ausgesprochenen Gedanken schon als begriffen ankündigt, schenkt oft den Ausdruck für die ganze andere Hälfte desselben!

Können Sie das nachvollziehen? Umgekehrt läuft's ähnlich: Bei manchen Zuhörern kommt man regelrecht ins Stottern und kriegt nicht auf die Reihe, was man sagen möchte, weil sie offensichtlich nicht recht bei der Sache sind. Die gucken zur Tür, auf die Uhr oder in die Zeitung und drücken aus: Das, was du mir sagst, hat nur ganz bedingt Bedeutung für mich; anderes ist wichtiger, zumindest aber genauso wichtig.

Und je nachdem, welches Herzensanliegen man gerade offenbart hat, tut so ein Verhalten scheußlich weh.

Wer ist ein guter Zuhörer?

- Einer, der dann zum Reden einlädt, wenn er »Platz« hat und aufnahmefähig ist.
- Einer, der sich dem, der spricht, zuwendet.
- Einer, der sich beim Hören auf »Aufnahme« beschränkt, statt von Anfang an in seinem Kopf nach passenden Antworten zu kramen.

- Einer, der das Gehörte nicht gleich moralisch bewertet und der gute Ratschläge, wenn überhaupt, dann als seine ganz persönliche Meinung deklariert.

Heute Morgen überraschte das Hamburger Abendblatt mit einer weltbewegenden Schlagzeile: »Beate Uhse geht an die Börse.« Ab sofort kann jeder Normalverbraucher teilhaben am großen Geschäft mit den liebesfördernden Mittelchen. Und das Risiko der künftigen Aktionäre ist sicherlich nicht allzu groß, finden die angeblich so liebessteigernden Utensilien doch von Tag zu Tag größeren Absatz.

Voraussetzung ist allerdings, das Gros der Beate-Uhse-Kunden begreift noch recht lange nicht, wie zutiefst erotisierend ein Mensch sein kann, der ohne Zuhilfenahme jeglicher technischer Lustmacher einfach nur »ganz Ohr« ist.

Uhse hin, Uhse her, ich fände es schlichtweg famos, wenn es mehr Leute als bisher wirklich begreifen würden, dass ein interessierter Mensch ein interessanter Mensch – und ergo auch ein attraktiver Mensch ist. Ich schätze, Dale Carnegie hat Recht, wenn er behauptet: Jemand, der seinen Mitmenschen interessiert zuhört, gewinnt in zwei Monaten mehr Beziehungen als der, der zwei Jahre lang versucht, andere für sich und seine Meinungen zu interessieren.

Wir können es immerhin mal ausprobieren, finden Sie nicht?

Liebestöter Nr. 12

»Versprich es: keine Geheimnisse!« – Wenn Offenheit zum starren Prinzip wird

12.1 Variationen zum Thema

Variation Nr. 1

Seit vielen Jahren fuhr Frank Seelmann jeden Montag von Hamburg nach München und freitags retour.

Man hatte sich arrangiert mit der Situation. Die Familie schätzte es, nicht umziehen zu müssen. Herr Seelmann schätzte seine lukrative Stellung, zumal in Hamburg eine vergleichbare Position nicht zur Verfügung stand, und keiner von den Seelmanns hätte in puncto Lebensstil Abstriche machen mögen.

Frank Seelmann fühlte sich zwar, was die Familie anging, in mancher Hinsicht »außen vor«, aber zugleich sonnte er sich auch in dem Gefühl, seiner Familie einen aufwendigen Lebensstil finanzieren zu können. Eines Tages fand Frau Seelmann beim Aufräumen ein Schreiben, in dem die Firmenleitung ihrem Mann das Angebot machte, den Firmenwagen nach Ablauf des Dienstverhältnisses für einen günstigen Preis übernehmen zu können. Frau Seelmann fiel aus allen Wolken. Sie hatte weder von Kündigung noch von Kündigungsabsichten die geringste Ahnung gehabt. Und als sie dann noch erfuhr, dass der letzte Arbeitstag bereits vier Wochen zurücklag und ihr Mann trotzdem weiterhin Woche für Woche nach München geflogen war, brach für sie eine Welt zusammen, die auch Monate später noch in Trümmern lag.

Variation Nr. 2

Bei einem Fortbildungsseminar bekam die Beziehung zwischen David und Susanne (sie arbeiteten seit acht Jahren in demselben Betrieb) ein Maß an Intimität, das im Vorfeld niemand beabsichtigt hatte und das im Nachhinein auch keinerlei Wiederholung erfuhr.

Zwei Jahre später hörte Susanne einen Vortrag zum Thema »Offenheit in der Ehe«, und plötzlich hatte sie den Eindruck, sie solle Martin, ihrem Ehemann, die Geschichte mit David, die, wie gesagt, volle zwei Jahre zurücklag, doch noch beichten. Dass Martin derart empört reagieren würde, hatte Susanne absolut nicht erwartet, zumal sich das Verhältnis zu ihrem Arbeitskollegen ja längst normalisiert hatte und es für Martin ihrer Meinung nach überhaupt keinen Grund mehr gab, eifersüchtig zu sein. Aber da hatte Susanne ihren Mann gründlich überschätzt. Der war tief gekränkt, und der Gedanke, dass seine Frau Tag für Tag mit David zusammenarbeitete, quälte ihn dermaßen, dass Susanne sich genötigt sah, um ihre Versetzung zu bitten. Leider gab es dafür innerhalb ihrer Firma keine Möglichkeit, so dass Susanne schließlich kündigte. Seitdem ist sie arbeitslos und wünscht sich sehnlichst, sie hätte Stillschweigen bewahrt über eine Geschichte, die längst abgeschlossen war und die unnötigerweise »aufgewärmt« für derartigen Wirbel sorgte.

Variation Nr. 3

Als Frau Malke das erste Mal zur Beratung kam, hatte sie bereits eine Menge unternommen, um ihr Problem zu beheben, unterschiedlichste Gynäkologen konsultiert, einen operativen Eingriff hinter sich gebracht, Homöopathen aufgesucht ... Aber an dem Problem, das Frau Malke und ihren Mann seit Jahren belastete, starke Schmerzen bei jedem Versuch miteinander zu schlafen, bis hin zu extremen Scheidenkrämpfen, hatte das alles nichts ändern können. Im Gegenteil: Jede ärztliche Bestätigung, organisch sei alles in Ordnung, hatte Frau Malke in tiefere Verzweiflung gestürzt.

Als es im Laufe der Beratung um frühere Erlebnisse mit Sexualität ging, fing Frau Malke hemmungslos zu weinen an und erzählte, dass sie vom 12.-15. Lebensjahr regelmäßig vom Freund ihrer

Mutter missbraucht worden sei. Einen Zusammenhang zwischen diesem Erleben und ihrem aktuellen Problem zu vermuten, lag nahe. Und nachdem Frau Malke es in der Beratungssituation geschafft hatte, ihr jahrelanges Stillschweigen zu brechen, schaffte sie es schließlich auch ihrem Mann gegenüber.

Der war heilfroh, endlich eine Erklärung zu finden für die Blockaden seiner Frau; er reagierte – entgegen allen ihren Befürchtungen – äußerst verständnisvoll, und allmählich bahnte sich eine Entspannung an, die den beiden in punkto Sexualität ganz neue Perspektiven eröffnete.

12.2 Wenn Offenheit zum starren Prinzip wird

Falls es in den drei genannten Beispielen einen roten Faden gibt, dann diesen: Bei der Frage, wie viel Offenheit einer Ehe zuträglich ist, sind Pauschalantworten so sinnvoll wie Schokoladenplätzchen bei chronischer Verstopfung. Offenbar gibt es Situationen, in denen es unverzichtbar ist, *alles* zu sagen, und andere, in denen rückhaltlose Offenheit zur Katastrophe führt. Folglich müssen die, die totale Offenheit und rückhaltlose Ehrlichkeit zum starren Prinzip erheben, ebenso mit Bauchlandungen rechnen wie die, die grundsätzlich das meiste für sich behalten.

Und genau davon wollen vor allem die Verfechter der rückhaltlosen Ehrlichkeit nichts wissen, entweder, weil sie befürchten, dass das Relativieren von ethischen Werten den Anfang jeder Art von Dekadenz heraufbeschwört, oder weil sie jung und verliebt sind, randvoll mit Idealen und der Vorstellung, ihre Liebe sei durch nichts und niemanden zu erschüttern. Ergo könne man sich auch leisten, einander alles zu sagen.

Das Ideal der romantischen Liebe suggeriert uns nämlich ...
... dass ein Ehepartner zugleich auch bester Freund und engster

Vertrauter sein sollte, dem wir jederzeit und rückhaltlos alles anvertrauen können, was an geheimsten Gedanken, Stimmungen und Phantasien in uns ist,

... dass mitgeteiltes Leid dasselbe grundsätzlich halbiert,

... dass mitgeteilte Freude dieselbe grundsätzlich verdoppelt,

... dass emotionale Tabus zwischen Liebenden überflüssig sind,

... und es grundsätzlich nichts gibt, was unausgesprochen bleiben müsste.

Soweit das Ideal.

Und die Wirklichkeit? Die zeigt, dass radikale Offenheit sich ebenso als Liebestöter erweisen kann wie extreme Verschlossenheit, dass Schweigen wie Reden zweifellos mal Gold und mal Gift sein können.

Machen wir uns nichts vor: Es gibt Situationen, da verbirgt sich unter dem Deckmantel radikaler Ehrlichkeit eine ganze Menge aggressiver Schmuggelware. Oder wie würden Sie das bezeichnen, wenn eine Frau ihrem Mann offenbart, dass ihre Eltern ihn für einen absoluten Nichtsnutz und Sprücheklopfer halten? Wem bitte ist gedient mit dieser Offenheit (außer eben dem Bedürfnis der Frau, ihrem Mann eins auszuwischen, ohne sich dabei die Hände schmutzig zu machen)?

Es gibt Offenbarungen, die nützen der Beziehung zum Partner in gar keiner Weise. Und dazu zählen auch die, die vor allem die Funktion einer Art Selbstbefriedigung zu erfüllen haben, Offenbarungen, die der Gewissensentlastung dienen und oftmals nichts weiter sind als der Versuch, Verantwortung loszuwerden.

Man hat etwas getan, was laut vereinbartem Sittenkodex nicht geschehen sollte, etwas, das das gemeinsame Drehbuch nicht vorsah. Für einen kurzen Moment hat man verdrängt, dass man dem Partner Treue versprochen hat, war untreu oder hat heftig geträumt, es zu sein. Man ist seit zwölf Jahren verheiratet, sehnt sich urplötzlich nach einem gleichgeschlechtlichen Partner und ist darüber zutiefst erschrocken. Man spürt Regungen in sich, die einem niemand zutrauen würde, depressive Stimmungen, tiefe Zweifel, ohnmächtige Wut, große Ängste, dieses Leben einfach nicht mehr bestehen zu können. Und all das drückt Magen und Gewissen. Ganz nah liegt es dann, sich Luft zu machen, endlich alles auszusprechen, sich mitzuteilen und es loszuwerden. Und wie früher, als man mit all dem Kummer seines kleinen Lebens zu Mama und Papa rannte, damit sie einen in die Arme nahmen, zerdepperte Glasscheiben ersetzten, geschwänzte Schulstunden entschuldigten und einem einfach alles abnahmen, was die eigenen, schmalen Schultern nicht tragen konnten, läuft man jetzt zu seinem Partner. Und wie früher stellt sich daraufhin Entspannung ein und wie früher lässt das leicht gewordene Herz vermuten: Alles wird wieder gut! In Wirklichkeit aber ist vor allem dieses passiert: Man hat das Problem von sich auf den Partner geschoben, und jetzt hat der daran zu knacken.

Ich weiß, dass ich mich mit diesem Thema auf Glatteis befinde.

Im Grunde halte ich die freiwillige, nicht institutionalisierte Beichte nämlich für eine absolut sinnvolle Einrichtung, und ich möchte die Letzte sein, die Sie an dieser Stelle zu grundsätzlicher Skepsis animiert. Aber: Nicht *allen* kann ich *alles* beichten. Darum geht's, und um nichts anderes.

Ich glaube zutiefst, dass eine Ehe als der Ort, an dem niemand etwas zurückhalten muss, überfordert ist. Dafür, glaube ich, sind Freunde und Freundinnen einfach besser geeignet. Und ich halte es für einen verhängnisvollen Irrtum zu meinen, dass Verheiratete ihre Kontakte zu gleichgeschlechtlichen Freunden getrost vernachlässigen könnten. Freunde halten in der Regel nun mal mehr aus als Ehepartner, nicht, weil sie besser sind, sondern weil sie besser dran sind. Im Klartext: Sie müssen nicht Tag für Tag mit uns zusammen sein. Sie können kommen und gehen, sie können sich entziehen und sie können sich von uns erholen, sobald es ihnen reicht, und deshalb sind sie auch nicht so leicht zu überfordern. Die sollen mit uns zusammen auch keine Familie erhalten, und deshalb können wir ihnen die »dicksten Klöpse« auftischen, ohne dass sie gleich in Panik geraten und ohne dass ihnen voller Angst alle nur erdenklichen Auswirkungen für das empfindliche Familiengefüge einfallen.

Freunde haben mehr Abstand und vertragen genau deshalb auch solche Selbstoffenbarungen, die einen Ehepartner hemmungslos überfordern würden.

Alles in allem:

- Wenn ich spüre, dass mein Gewissen belastet ist und mir danach zumute ist, reinen Tisch zu machen, dann ist es absolut richtig, es zu tun! Nicht immer allerdings bei meinem Partner, sondern manchmal sinnvollerweise besser bei einem Freund oder Seelsorger.
- Wenn ich spüre, dass Beichte für mich, wie in Kindertagen, noch immer eng verknüpft ist mit dem kindlichen Wunsch, sie möge mir sowohl die schmerzlichen Konsequenzen meines »Patzers« als auch die mühsame Arbeit der Wiedergutmachung ersparen, dann mag es dran sein, etwas Bedrückendes durchaus auch mal für mich zu behalten, eine Suppe tapfer alleine auszulöffeln und die volle Verantwortung für ein Verhalten zu tragen.
- Wenn ich aber spüre, dass es für die Lösung eines gemeinsamen Problems (siehe Variation Nr. 3) oder auch für eine gemeinsame, realistische Zukunftsplanung (siehe Variation Nr. 1) notwendig ist, reinen Tisch zu machen, dann gibt es zur rückhaltlosen Offenheit keinerlei sinnvolle Alternative.

Verwirrend? Ja, sicher, Prinzipienreiter haben es leichter im Leben, solange sie obenauf sitzen. Aber ihre starre Haltung begünstigt Bauchlandungen, die höchst schmerzhaft sein können. Und diese Perspektive finde ich auch nicht gerade reizvoll.

Liebestöter Nr. 13

»Hauptsache, du verlässt mich nicht!« – Wenn die Angst vor Verlust zum Oberthema wird

13.1 Variationen zum Thema

Variation Nr. 1

Warum um alles in der Welt bleibt die Frau bei diesem Mann! Freunde, Verwandte und Nachbarn waren sich einig: Kerstin hatte etwas Besseres verdient als diesen Typen, der selten arbeitete, unbeherrscht und unzuverlässig war, Kerstin und die Kinder für den ganzen Frust seines Lebens verantwortlich machte und ständig alkoholisiert war. Warum blieb sie bei ihm? Warum entzog sie sich nicht endlich seinen Attacken, die mehr als einmal ärztliche Behandlung erforderlich gemacht hatten?

Warum flüchtete sie mit den Kindern ins Frauenhaus und kehrte nach zwei Tagen doch wieder nach Hause zurück?

Warum fand sie immer und immer wieder Entschuldigungen für sein unmögliches Benehmen?

War er grob zu ihr, sagte sie: »Im Grunde ist er eher zärtlich, aber so ein Gefühl kann er nicht zulassen!« War er morgens zu faul, um zur Arbeit zu gehen, sagte sie dem Chef, ihr Mann sei krank.

Log er sie an, entschuldigte sie das mit seinem Bedürfnis nach Harmonie. Schlug er sie, fiel ihr ein, sie habe ihn möglicherweise zu sehr provoziert und dabei offensichtlich seine Achillesferse getroffen.

H
PHILIPP

Ging er fremd, protestierte sie nicht. »Lässt du mir ab und zu meinen Spaß, dann bleibe ich bei dir«, hatte er gesagt. »Fängst du an, kleinlich zu werden, mach ich den Abflug!« Und, das wusste sie genau, *alles* würde sie lieber in Kauf nehmen als die Trennung von ihm.

Variation Nr. 2

Michaela erzählt: »Fußball fand ich ätzend, Pferderennen gemein, chinesisches Essen ekelhaft und Sonnenstudios absolut affig. Aber seit Daniel ist alles anders. Dreimal die Woche spielt er Fußball, und raten Sie mal, wer mit Begeisterung zuschaut! Jeden zweiten Samstag ist Pferderennen angesagt, und die Pferde machen mir durchaus keinen gequälten Eindruck. Chinesisches Essen find ich mittlerweile spitze und Sonnenstudios haben durchaus ihre Vorzüge.

Ich hab mich total verändert, stimmt. Manchmal kenne ich mich selbst nicht mehr. Mit meinen alten Freunden bin ich nur noch ganz selten zusammen. Daniel findet sie furchtbar kindisch, und irgendwie finde ich das auch. Ich war vor Daniel ziemlich aktiv in der Kirche. Aber Daniel ist der Meinung, dass Pastoren durch die Bank Heuchler sind, und außerdem möchte er sonntags lieber ausschlafen und gemütlich frühstücken, was ich natürlich auch irgendwie verstehen kann.

Meine Arbeitskollegin meint, ich würde mich ziemlich stark anpassen. Aber ich glaube, die ist einfach nur neidisch, weil Daniel und ich ein Herz und eine Seele sind. Und ich werde sicher alles tun, damit es so bleibt.«

Variation Nr. 3

Vera und Anne traf man seit Jahren ausschließlich »im Doppelpack«. Umso größer war das Erstaunen, als Vera eines Tages in eine Stadt zog, die den beiden Unzertrennlichen immerhin eine Distanz von hundert Kilometern bescherte. Der Grund? Annes übermäßige Eifersucht. Hatte Vera es in den ersten Jahren noch schmeichelhaft gefunden, Annes Ein und Alles zu sein, fühlte sie sich genau in dieser Rolle jetzt gar nicht mehr wohl.

Anne war über die Maßen großzügig. So hatte sie darauf bestanden, Vera die Hälfte ihres elterlichen Erbes abzutreten, damit diese sich endlich ihr heiß ersehntes Hobby-Atelier einrichten konnte.

Wie oft kam Anne an und sagte: »Ich hab uns (!) für einen Kurzurlaub angemeldet.« – »Ich hab uns (!) Kinokarten reservieren lassen.« – »Für heute Abend haben wir einen Tisch beim Griechen.«

Und wenn Vera dann dagegenhielt, z. Zt. leider knapp bei Kasse zu sein, wischte Anne den Einwand mit einem »Das lass mal meine Sorge sein!« blitzschnell vom Tisch.

Schwierig wurde es immer dann zwischen den beiden, wenn Vera häufiger, als es Annes Meinung nach nötig war, das Haus verließ. Dann verschlechterte sich Annes Stimmung zusehends. Schwierig wurde es auch, wenn Vera Anne begeistert von dieser oder jener netten Arbeitskollegin erzählte oder gar von einem schönen Abend, den Vera ausnahmsweise ohne Anne verbracht hatte. Dann fühlte Anne sich offenbar genötigt, Veras Begeisterung möglichst schnell zu dämpfen und sowohl die angeblich so nette Kollegin als auch den schönen Abend auf irgendeine Art und Weise in Frage zu stellen. Denn beides schien Anne als Bedrohung für ihre Freundschaft zu empfinden.

So fing Vera an zu verheimlichen. Sie erzählte von lästigen Überstunden, wenn sie in Wirklichkeit gemütlich mit Kollegen ein Bier getrunken hatte. Sie ersparte es sich und Anne, erfreuliche Begegnungen mit anderen zu schildern, und verlegte sich darauf, ausschließlich die unerfreulichen Zusammentreffen zu thematisieren. Genau das nämlich schien geeignet, Anne zufrieden zu stellen; es ließ sie tröstende Worte für Vera finden und diente ihr immer wieder als willkommener Anlass, sich lang und breit über die Einzigartigkeit ihrer wunderbaren Freundschaft auszulassen.

Als Vera sich dann außerplanmäßig in einen Mann verliebte, sah sie keine Möglichkeit, Anne davon zu erzählen. Sie hatte panische Angst, Anne würde diese »Entthronung« nicht verkraften. Ein Wechsel der Arbeitsstelle und ein Umzug in eine andere Stadt waren Vera daher lieber, als vor Ort zu bleiben und Anne täglich mit einer für sie höchst schmerzhaften Wahrheit konfrontieren zu müssen.

13.2 Wenn die Angst vor Verlust zum Oberthema wird

Bleiben wir nüchtern! Wer verliert schon gerne? Bei Brieftaschen, Spielen und Schlüsseln ist es mitunter schon dramatisch genug, aber einen Menschen zu verlieren, ist ungleich schwerer. Wenn einer stirbt, den wir liebten, ist das grausam.

Wenn einer weggeht, ohne zu sterben, sich bei vollem Bewusstsein gegen uns entscheidet, um an einem anderen Ort allein oder gar mit einem anderen Menschen weiterzuleben, ist das unter Umständen noch grausamer, weil es außer der Trauer auch noch die Kränkung zu verarbeiten gilt. Ich möchte den sehen, den so etwas kalt lässt.

Da braucht es Zeit und Tränen, Freunde, die zuhören, Aufgaben, die einen davor bewahren zu versinken, traurige Musik vielleicht oder Gedichte, in denen ein anderer genau das in Worte gefasst hat, was uns so wehtut; da braucht es praktische Arbeit, die einem Gedankenfreiheit ermöglicht und zugleich so überaus barmherzig verhindert, dass man sich gänzlich verliert.

Aber irgendwann ist es geschafft. Die Wunde vernarbt. Man

geht nicht mehr in die Luft vor Schmerz, wenn man darangerät. Zwar bleibt die Narbe und wie alle Narben erinnert sie hin und wieder an das Schmerzhafte, das passiert ist, aber es ist verkraftbar geworden. Man muss sich nicht mehr abschotten. Man kann es sich wieder leisten, dieses Leben an sich heranzulassen mit allem, womit es einen berührt. Man war verletzt, aber man ist nicht zerstört worden. Die Grundmauern sind heil geblieben, der Glaube daran, trotz erlebter Zurückweisung liebenswert und liebesfähig zu sein, gewinnt seine alte Unerschütterlichkeit zurück.

Ganz anders, und darum geht es in diesem Kapitel, ist es, wenn dieser Glaube nie vorhanden war, wenn vielmehr der, der fortging, die einzige Garantie für die eigene Liebenswürdigkeit war. Ganz anders, wenn der, der uns verließ, die Funktion hatte, uns unseren Wert beweisen zu müssen. Dann ist solch ein Mensch im Grunde unverzichtbar und sein Fortgehen kann zur absoluten Katastrophe werden.

Ob es hier um bedauerliche, aber seltene Einzelschicksale geht?

Leider nicht. Leider wimmelt es von Menschen, die äußerst wenig von sich halten und deren Überzeugung, liebenswert zu sein, höchst mangelhaft ausgeprägt ist.

Und dann?

Dann muss ein Partner her! Einer, der einem Wertschätzung zuteil werden lässt, weil die eigene fehlt; einer, der einem Qualität bescheinigt, der einem sozusagen als Gütesiegel aushelfen muss, weil man es selber nicht schafft, sich wertzuschätzen.

Und wehe, er geht weg, dieser unverzichtbare Garant! Dann weiß man wieder nicht mehr, wer man ist, wozu man taugt und was man soll auf dieser Welt.

Ich übertreibe nicht. Wenn einer es nicht ganz tief in sich selber weiß, dass er wertvoll und liebenswürdig ist, dann bekommt der Partner eine völlig überzogene Bedeutung und dann sind Probleme vorprogrammiert, die einer Partnerschaft arg zusetzen können.

Wer die Überzeugung, wertvoll und liebenswürdig zu sein, nicht in sich trägt, läuft Gefahr, lückenlose Bestätigung von außen zu brauchen, süchtig zu werden nach Wertschätzung durch andere, ständig auf der Suche nach Liebesbeweisen, ständig auch in Gefahr, jede Unachtsamkeit des Partners (sei es eine Verspätung, sei es ein vergessener Hochzeitstag) überzubewerten als Beweis für sterbende Liebe und eigene Wertlosigkeit.

Wer die Überzeugung, wertvoll und liebenswürdig zu sein, nicht in sich trägt, läuft Gefahr, permanent unter Eifersucht zu leiden. Solche Leute pochen auf Ausschließlichkeit (siehe Variation Nr. 3). Die kleinste Hinwendung des Partners zu einem anderen, die Beobachtung, dass der Partner die Gesellschaft anderer genießt, länger als nötig arbeitet, sich leidenschaftlich in ehrenamtlichen Tätigkeiten engagiert ..., all das wird sofort als Beweis dafür betrachtet, dass man selber offenbar nicht genügend interessant und liebenswert ist.

Möglich ist aber auch, dass der, der sich selber nicht wertschätzt, in einer Partnerschaft unverhältnismäßig nachgiebig ist, Dinge in Kauf nimmt, die eigentlich ganz gegen seine Einstellung sind, und dass er oftmals sogar Menschenunwürdiges erträgt. Eine Frau z.B., die sich schlagen lässt, die den Alkoholmissbrauch ihres Mannes vertuscht, die sich damit abfindet, ausschließlich Sexualobjekt zu sein, ist weder blöd noch besonders liebesfähig. Aber sie ist häufig eine Frau, die beinahe alles tut, um ihren Partner nicht zu verlieren, auf dessen Wertschätzung (und mag diese bis zur Unkenntlichkeit entstellt sein) sie existentiell angewiesen ist, weil die eigene fehlt.

Und? Gewährleisten überzogene Nachgiebigkeit und Anpassung bis zur eigenen Unkenntlichkeit zumindest, dass der Partner bei einem bleibt?

Eher nicht! Partnerschaft lebt von Unterschiedlichkeit. Mag man sich hin und wieder wünschen, der Partner wäre einem, bitte schön, etwas ähnlicher, dann wäre das Leben mit ihm um vieles leichter – es ist und bleibt die Unterschiedlichkeit, die dafür sorgt, dass Beziehung auf Dauer interessant und spannend bleibt.

Weiter gefragt: Ist denn Verwöhnung und Idealisierung des Partners dazu angetan, auf ewig dessen Liebe zu sichern?

Leider nicht! Irgendwann spürt der Verwöhnte die gezielt platzierten Widerhaken an all den überwältigenden (!) Großzügigkeiten, die ihm zuteil werden. Und dann schlägt seine anfängliche Begeisterung über die Sonderbehandlung oft genug um in Widerwillen und Überdruss, Gefühle, die eher dazu angetan sind, Fluchtmöglichkeiten zu erwägen, als Zuneigung zu verstärken.

Und die Frau, die sich alles gefallen lässt? Hat sie denn Aussicht, ihren Partner halten zu können? Zahllose Berichte belegen das Gegenteil. Wer sich alles gefallen lässt, hält oftmals sehr wenig von sich selbst. Das mag ein gewalttätiger Partner anfangs als Erleichterung empfinden, aber auf Dauer wächst daraus eher Verachtung als Zuneigung.

Fazit: Alles das, was dazu dienen soll, den Partner zu halten und die Angst vor Verlust abzuwehren (was anfangs ja auch klappt), bewirkt auf Dauer oftmals das, was man um jeden Preis vermeiden möchte: dass der Partner einen verlässt.

Und wenn er *nicht* geht?

Wenn er bleibt und einsteigt ins System? Wenn er mitspielt und sich z.B. darauf einlässt, sein Gegenüber rund um die Uhr mit Liebesbeweisen zu überhäufen, alte Kontakte abbricht und peinlich vermeidet, was Eifersucht wecken könnte? Auch dann ist es nicht gut.

Sag einem Menschen: »Ich mag dich.« Solange er eine negative Selbsteinschätzung hat, kann er gar nicht anders, als dieses Kompliment höchst misstrauisch zu betrachten, dir Mitleid zu unterstellen oder zu vermuten, du wärest auf der Suche nach Pluspunkten. Er wird auf dein Kompliment entsprechend verhalten reagieren, und wenn du daraufhin ein Stück auf Distanz gehst, dann wird er sagen: »Siehst du, es war ihm von Anfang an nicht ernst! *Das* ist die Wirklichkeit!«

Fatal! Aber im Zweifelsfalle glaubt man *sich*. Das ist, wie es ist.

Kurzum: Einer der massivsten Liebestöter überhaupt ist der Mangel an Selbstliebe.

Wenn also Partnerschaft gelingen soll, dann kommen wir nicht darum herum, uns zuallererst anzusehen, wie wir zu uns selber stehn!

Liebe deinen Nächsten wie dich selbst, hat Jesus gesagt.

Wie wohlgemerkt, nicht *statt*. Jesus setzt Selbstliebe *voraus*, nicht hintenan, und schon gar nicht ab.

Das Maß der Selbstliebe bestimmt das Maß der Nächstenliebe! Anders geht's nicht.

Garstig zu sich und nett zu anderen, das ist Utopie! Hart gegen sich und barmherzig gegen andere, das ist preußisches Wunschdenken, mehr nicht. In Wirklichkeit lieben wir andere so, wie wir uns selber lieben, nicht mehr und auch nicht weniger.

Also: Schließen wir zuallererst und immer wieder neu Freundschaft mit uns selbst. Gründe dafür gibt`s reichlich:

– Jeder von uns – ein Wunder, ausgestattet mit Fähigkeiten, die durch kein Geld dieser Welt zu ersetzen sind, fähig zu sehen, zu hören, zu schmecken, zu riechen, zu fühlen, zu denken, zu gehen, zu reden, zu lieben ...
– Jeder von uns – ein Original, nicht zwei, die dieselben Fingerabdrücke haben!
– Jeder von uns – geliebt, bedingt von Menschen, aber un-bedingt von Gott! Nicht nur, wenn wir gut sind (also als Belohnung), nicht nur, wenn wir schlecht sind (also aus Mitleid oder als Trostpreis), und auch nicht erst dann, wenn wir bereit sind, ihn wiederzulieben. Gott reicht als Grund, uns zu lieben, *dass wir sind*! Punkt.

Wir sollten uns das so oft wie nur möglich auf der Zunge zergehen lassen. Es ist ein Heilmittel gegen Minderwertigkeitsgefühle. Der, der uns geschaffen hat und kennt bis auf den Bodensatz, achtet und liebt uns ohne Wenn und Aber.

Das reicht, um Freundschaft zu schließen mit uns selbst. Das reicht, um uns selber wertschätzen zu können. Das macht es überflüssig, diese Aufgabe an einen anderen Menschen delegieren zu müssen, ganz und gar abhängig zu werden und immerzu Angst haben zu müssen, dass dieser Mensch sich – aus welchen Gründen auch immer – von uns entfernen könnte.

»... damit aus Liebesglut am Ende nicht Sodbrennen wird!«

»Frau Buchheister, Sie sind seit siebenundzwanzig Jahren mit demselben Mann verheiratet. Wie haben Sie das geschafft?«

Die Frage des Moderators traf mich zum einen unvorbereitet, zum anderen auf einem Podium vor vierhundert Leuten. Ob bei 170 000 Scheidungen pro Jahr Silberhochzeitspaare demnächst das Bundesverdienstkreuz am Band erwarten dürfen?

Später im Zug, als alles vorbei war, fielen mir unglaublich schlagfertige Antworten ein, aber da hatte ich kein Mikrofon und keine Zuhörer mehr vor mir.

Auf dem Podium sagte ich ganz schlicht: »Ich weiß es nicht.« »Mmh«, antwortete der Moderator, »aber (!) hat die Haltbarkeit Ihrer Ehe nicht auf jeden Fall sehr viel mit Ihrem christlichen Glauben zu tun?«

»Ich bin mir nicht sicher«, hörte ich mich sagen. Das war die zweite Antwort, die nicht gerade vor Esprit und Prägnanz sprühte.

Denken Sie nicht, es hätte mir Spaß gemacht, den guten Mann im Regen stehen zu lassen, bestimmt nicht. So etwas versuche ich sonst schon um meinetwillen strikt zu vermeiden. Aber was ich noch mehr zu vermeiden suche und hoffentlich immer vermeiden werde, sind platte Antworten auf komplizierte Fragen. Zu viele unserer Freunde (einige glauben an Gott, andere nicht), haben sich in den letzten Jahren voneinander getrennt; niemand hat es leichtherzig getan und kein einziger von ihnen hatte es vor dem Traualtar für möglich gehalten, geschweige denn irgendwie eingeplant.

Warum hält eine Partnerschaft und eine andere nicht?

Wer meint, er müsse diese Frage genauso allgemein und vollständig beantworten können wie die Frage, unter welchen Bedingungen Hefekuchen gelingt, der soll es tun. Ich werde mich daran nicht beteiligen. Es stimmt: Mein Mann und ich sind seit siebenundzwanzig Jahren verheiratet. Und zum Glück überwogen die Zeiten, in denen ich absolut überzeugt war von meiner Wahl. Aber machen wir uns nichts vor, es gab andere Zeiten, in denen ich statt mit einem mit drei Männern verheiratet war: dem, den ich vielleicht doch hätte besser heiraten sollen, dem, den ich tatsächlich geheiratet hatte, und dem, den ich unbedingt aus ihm machen wollte. Es gab und gibt Zeiten, da wackelt der Boden vor Glück, und Zeiten, in denen sich schmerzlich wenig bewegt zwischen uns.

Es gab und gibt Zeiten, da halten wir zwei uns für ein geniales Puzzle, und andere, in denen gerade unsere Unterschiedlichkeit zum Gegenstand unerfreulicher Auseinandersetzungen wird. Ich weiß zum Beispiel bis heute nicht, weshalb es so schlimm sein soll, Blumen mit einer Papierschere zu kürzen oder die Nase mit einer Serviette zu putzen. Aber mein Gatte findet das entsetzlich (s. sein Hang zum Drama). Und er leitet daraus ab, mir fehle sowieso und auf der ganzen Linie das »Gefühl für die spezifische Bedeutung bestimmter Gegenstände«.

Nach wie vor ist es, um ein anderes Beispiel zu nennen, für meinen Mann eine Selbstverständlichkeit, sich nicht gefallen zu lassen, dass eine Verkäuferin extrem desinteressiert ist und keine Ahnung hat von dem, was sie verkaufen will. Und noch immer würde ich in solch einem Augenblick am liebsten schon mal das Geschäft verlassen, um seinen Protest nicht mitzukriegen.

Es gibt zwischen meinem Mann und mir Zeiten, da ist die Sehnsucht nach Nähe deutlich zu spüren, und Zeiten, in denen uns nach Abgrenzung und Verschlossenheit zumute ist.

Allerdings, und das mag in der Tat zur Haltbarkeit unserer Beziehung beitragen – *mehr* erwarten wir auch nicht voneinander.

Mein Mann ist mir wichtig. Aber mein Garant für immer gleich bleibende, gleich starke und bedingungslose Zuwendung muss er nicht sein. Mein Mann ist mir wichtig, aber meinen Wert zum Beispiel, den mach ich nicht von ihm abhängig, und den Himmel auf Erden muss er mir nicht schaffen. Ich will es so sagen: Mein Mann ist mir wichtig, aber mein Gott muss er nicht sein. Damit ist die Überforderung raus. Und wenn man den Fachleuten in Sachen Beziehung glaubt, ist damit zumindest *eine* wesentliche Voraussetzung dafür geschaffen, es gern und lange miteinander auszuhalten.

Mag sein, dass Sie das für reichlich unromantisch halten, aber wir haben beide nicht das Ziel, einzig im anderen den Ort absoluter Glückseligkeit zu finden. Und wir haben beide nicht das Ziel, einzig für den anderen Ort absoluter Glückseligkeit zu sein.

Wir lieben beide unsere Arbeit, die uns des Öfteren Trennungen abverlangt. Jeder von uns bewahrt sich ein Eigenleben. Nicht alles, was mir Genuss bedeutet, erfreut Lutz in gleicher Weise, und umgekehrt ist es genauso.

Auch nach siebenundzwanzig Jahren dreht sich meinem Mann noch der Magen um, wenn er Musik hören muss, die mir gefällt. Ein gemeinsamer Konzertbesuch bei Klaus Hoffmann wäre für Lutz ein Alptraum, für mich deshalb allerdings auch!

Lutz liebt »Klavier pur« oder Sinfonien von Bruckner; Letzterer verursacht mir absolutes Unwohlsein, während Lutz diese Musik genießt wie ein Fünf-Gänge-Menü. (Und das will was heißen!)

Wir haben gemeinsame Freunde, aber jeder von uns hat auch eigene. Was einer an Liebe braucht, kann ein einzelner Mensch ihm einfach nicht geben; was einer an Liebe zu geben hat, ist für einen einzelnen Menschen einfach zu viel.

Was erhöht also die Haltbarkeit einer Partnerschaft? Welches sind Voraussetzungen dafür, dass aus Liebesglut am Ende nicht Sodbrennen wird?

Angemessene Erwartungen aneinander und *barmherzige Ideale* scheinen mir allemal zwei dieser Voraussetzungen zu sein. Liebe ist »Stückwerk vom Feinsten«. Immer sind Krisen inbegriffen, auch bei Christen, Herr Moderator! Jeder von uns bleibt unvollkommen, bis zu seinem letzen Atemzug, und auch der vorbildlichste Christ kommt über den Status eines begnadigten Sünders nicht hinaus. Gut, wenn wir das nicht vergessen.

Was erhöht die Haltbarkeit von Partnerschaft?

Menschen, die trotz massiver Probleme und Schicksalsschläge noch lange nicht das Handtuch schmeißen, sind einander erstaunlich ähnlich, wie die psychologische Forschung festgestellt hat. Es sind ...

... Leute, die Probleme und Schwierigkeiten als normalen Bestandteil menschlichen Lebens betrachten,

... Leute, die ihre Probleme trotzdem ernst nehmen, statt sie zu leugnen oder schön zu reden,

... Leute – und das finde ich besonders interessant –, die ihre Probleme nicht alleine lösen, die stattdessen Freunde oder professionelle Berater um Unterstützung bitten,

... und/oder solche Leute, die die Einladung Gottes, ihm zu jeder Tages- und Nachtzeit alles Belastende sagen zu können, mit großer Selbstverständlichkeit annehmen.

»Resilient« (zu Deutsch: elastisch, nicht unterzukriegen) nennt man solche Leute. Bildlich gesprochen sind es die, die »im Ring zu Boden gehen, ausgezählt werden, aufstehen und danach eine neue Strategie ausprobieren, statt ihre Krise zu bejammern, ihren alten Stil beizubehalten und erneut zu Boden zu gehen« (Norman Wright, Familientherapeut).

Im Umgang miteinander Neues auszuprobieren, statt Gewohntes beizubehalten, das mitunter bequem ist, auf Dauer aber liebestötende Wirkung hat, darum ging es in diesem Buch.

Mag es nützen, Sie an- oder aufzuregen, Sie um- oder anzutreiben, mag es Sie locken, nicht länger hinzunehmen, was durchaus zu verändern ist.

NACHWORT

Marc Sautet, der »Erfinder« des Philosophischen Cafés, sagte einmal: »Ein Buch zu schreiben, das heißt, einen Dialog zu führen mit Leuten, die nicht im gleichen Raum sind.« In diesem Sinne hoffe ich, dass in der Tat nicht nur ich, sondern auch Sie in diesem Buch ausreichend zu Wort gekommen sind.

Sollte ich wesentliche Zwischenrufe, Anmerkungen, Einwände oder auch kritische Rückfragen Ihrerseits nicht genügend beachtet haben, reichen Sie sie doch einfach nach (Marion Buchheister, Wientapperweg 29b, 22589 Hamburg). Sie werden damit zwar nicht mehr dieses Buch, aber sehr wohl mein weiteres Nachdenken verändern. Und ich finde, das könnte Ihnen ruhig einen Brief oder eine Postkarte wert sein. Ansonsten danke ich für Ihre Aufmerksamkeit.

Ich danke Jan-Philipp für die treffsicheren Illustrationen, Dörte Elmer für ihr famoses Weihnachtsgeschenk, mir das Manuskript in den Computer zu tippen, Hanna Schott, meiner Lektorin, für die konstruktive Zusammenarbeit, und ganz besonders danke ich Lutz, Ann-Kathrin, Jan-Philipp, Heike und Tim-Daniel – ohne euch hätte ich dieses Buch am »grünen Tisch« geschrieben. Und wer, bitte schön, sollte es denn dann noch lesen wollen?

PHILIPP

Weiterführende Literatur

Hans Jellouschek
Wie Partnerschaft gelingt – Spielregeln der Liebe. Beziehungskrisen sind Entwicklungschancen
Herder Verlag, Freiburg 1998

Friedemann Schulz von Thun
Miteinander reden 1 + 2 (beide Bücher in einem Band)
ro ro ro Sachbuch, Rowohlt Verlag, Reinbek 1998

Harry Müller
Beziehungen bauen Brücken. Vom offenen Umgang miteinander
Hänssler Verlag, Neuhausen, 5. Auflage 1997

Rita Stiens
Krankheit als Waffe. Wie man sich gegen emotionale Erpressung wehrt
Econ Verlag, Düsseldorf 1999

Arnold Lazarus
Fallstricke der Liebe. Vierundzwanzig Irrtümer über das Leben zu zweit
Klett-Cotta Verlag, Stuttgart, 8. Auflage 1998

Gunter Schmidt
Das Verschwinden der Sexualmoral. Über sexuelle Verhältnisse
Klein-Verlag, Hamburg 1996

Elizabeth und Arthur Domig
Wecke doch die Liebe auf! Das Geheimnis erfüllter Sexualität
Johannis Verlag, Lahr 1999

Karin Ackermann-Stoletzky

Ich liebe dich, wenn du dich fügst

Emotionale Erpressung: Wie Menschen einander manipulieren

192 Seiten, Paperback, Bestell.Nr. 224.865

Ina ist sauer, weil Klaus den Müll nicht rausbringt, obwohl er es versprochen hat. Beim Essen schweigen sie sich an. Emotionale Beeinflussung gehört zum Alltag. Wir alle benutzen sie in unterschiedlichen Zusammenhängen, wenn wir Partner, Freunde, Kinder, Kollegen oder Gemeindemitglieder dazu bringen wollen, zu tun (zu denken, zu fühlen) was wir wollen. Die Strategien: Tränen, Lob, "zicken", schmollen, schreien, sich schwach zeigen, besonders "lieb" sein, etwas für den anderen tun, sich unentbehrlich machen, offensichtlich tapfer und still leiden, schweigen, sich abwenden, den Partner eifersüchtig machen ...
Verschiebt sich das Gleichgewicht zwischen den "Spielern", wird aus Beeinflussung Erpressung und aus einem (wenn auch nicht besonders klugen) "Spiel" ein Krieg der Gefühle.
Besonders gefährdet sind unsere wichtigsten Beziehungen, die zum Ehepartner, zu den Eltern oder unseren Kindern - und die in der Gemeinde, wo es immer ums "Ganze" gehen soll.
Sachlich erläutert Karin Ackermann-Stoletzky, was emotionale Erpressung ist, wie man sie erkennen und ihr vorbeugen bzw. begegnen kann. Sie erklärt Beziehungsmuster, in denen wir zu "Tätern" oder "Opfern" werden und zeigt auf, wie beide Seiten wieder zueinander finden können.

R. BROCKHAUS VERLAG WUPPERTAL

Bill & Pam Farrel
Männer sind wie Waffeln, Frauen sind wie Spaghetti
Warum Ihr Partner anders ist – und Sie auch

240 Seiten, Paperback, Bestell-Nr. 224756

Wollten Sie schon immer wissen, wieso Ihr Mann manchmal minutenlang in die Luft starrt? Haben Sie sich nicht schon tausendmal gefragt, warum Sie im Gespräch mit Ihrer Frau immer den Kürzeren ziehen? Dieses Buch sagt Ihnen, was Männer und Frauen denken. Was sie meinen, wenn sie etwas sagen. Was sie auf Touren bringt und was auf die Palme. Es sagt Ihnen, warum Männer die Welt in Kästchen einteilen, während Frauen mehrere Dinge gleichzeitig tun können. Und es sagt Ihnen auch, warum sie so unterschiedlich "ticken", was Gott sich dabei gedacht hat und wie Sie diese Unterschiede für Ihre Ehe nutzen können. Dabei profitiert dieser Ratgeber von den persönlichen Erlebnissen und Erkenntnissen der Autoren ebenso wie von ihrer seelsorgerlichen Erfahrung. Geben Sie Ihrer Ehe eine (neue) Chance und lernen Sie einander richtig kennen.

R. BROCKHAUS VERLAG WUPPERTAL